本书受"科技创新服务能力建设-高精尖学科建设-旅游管理（3009-C3009190401）项目"资助

深化高等教育改革创新人才培养

DEEPEN THE TRAINING OF INNOVATIVE TALENTS FOR HIGHER EDUCATION REFORM

冉小峰　施锦丽　著

旅游教育出版社
·北京·

责任编辑：陈　志

图书在版编目（CIP）数据

深化高等教育改革创新人才培养 / 冉小峰，施锦丽著. -- 北京：旅游教育出版社，2021.7
ISBN 978-7-5637-4270-7

Ⅰ. ①深… Ⅱ. ①冉… ②施… Ⅲ. ①高等学校－教学改革－关系－人才培养－研究－中国 Ⅳ. ①G642.0 ②G649.2

中国版本图书馆CIP数据核字(2021)第117285号

深化高等教育改革创新人才培养

冉小峰　施锦丽　著

出版单位	旅游教育出版社
地　　址	北京市朝阳区定福庄南里1号
邮　　编	100024
发行电话	（010）65778403　65728372　65767462（传真）
本社网址	www.tepcb.com
E - mail	tepfx@163.com
排版单位	北京旅教文化传播有限公司
印刷单位	唐山玺诚印务有限公司
经销单位	新华书店
开　　本	787毫米×1092毫米　1/16
印　　张	9.75
字　　数	171千字
版　　次	2021年7月第1版
印　　次	2021年7月第1次印刷
定　　价	69.00元

（图书如有装订差错请与发行部联系）

前 言

高等学校在建设创新型国家中占有重要地位,但我国高校尚不能满足建设创新型国家的要求,与创新型国家的高校相比,存在比较明显的差距。随着党和政府对教育事业的高度重视和投入加大,高等教育也得到了快速发展,目前,我国已成为世界上高等教育在学人数最多的国家。如何树立以提高质量为核心的高等教育发展观,全面提高高校人才培养质量、科学研究水平、社会服务能力和文化传承创新能力;如何树立与高等教育大众化相适应的高等教育质量观,实施重大发展项目,既着力培养拔尖创新人才,又大量培养应用型、复合型、技能型人才;如何提高高等教育国际化水平、提高教育管理水平,带动高等教育质量全面提高等,诸多新情况、新问题为新形势下高等教育发展提出了新挑战。

现代教育研究,尤其是教育政策研究,客观上需要转换教育研究范式,探索具有中国特色的教育政策理论体系与教育改革实践模式,需要聚焦教育领域综合改革的重大现实问题,破解当前教育改革难点热点问题,预测教育未来发展的前瞻性问题,服务国家教育决策,推进国家教育治理体系和治理能力的现代化,提高国家教育决策科学化与民主化水平。

我国高等教育应深化改革,加强科研创新能力建设,使创新型人才脱颖而出。为此,要进行教育理念的改革,探索有利于创新型人才培养的教育模式,加强科技创新能力建设,坚持产学研结合,加强创新文化建设,扩大高校对外开放,增加科技创新投资。高等教育要适应全球发展和时代变化,把立德树人融入思想道德教育、文化知识教育、社会实践教育各环节,加快形成更高水平的人才培养体系。

高等教育教学工作是人才培养的基本途径,人才培养质量与水平主要是通过教学工作的质量和水平来体现的。高等教育改革的核心是教学改革,教学改革不仅是推进高等教育改革的重要着力点,也是提高高等教育质量的基本途径。实践中,高等教育教学改革就是要改革与现代经济社会发展和人才市场需求不相适应的人才培养模式、教学内容与课程体系、教学模式与方法以及教学管理体制机制。

目 录

第一章　深化高等教育改革概论 … 1
　　第一节　深化高等教育改革的背景 … 1
　　第二节　深化高等教育改革的内涵 … 9
　　第三节　深化高等教育改革的特性和规律 … 14
　　第四节　深化高等教育改革的类型 … 19

第二章　深化高等教育改革的思考 … 23
　　第一节　开展高等教育改革的原因和挑战 … 23
　　第二节　高等教育改革进行的现状 … 28
　　第三节　深化高等教育改革的目标 … 31

第三章　深化高等教育改革的途径 … 35
　　第一节　优化顶层制度设计引领高等教育改革 … 35
　　第二节　高校新型智库助力高等教育改革 … 42
　　第三节　坚持多方协同治理推进高等教育改革 … 46

第四章　深化高等教育教学改革的多视角分析 … 54
　　第一节　交叉学科建设与拔尖创新人才培养 … 54
　　第二节　产学研合作与创新人才培养 … 61
　　第三节　高校人才培养模式改革与教学资源整合 … 66

第五章　创新及创新人才培养相关理论 … 72
　　第一节　创造与创新的基本概念 … 72

第二节　智力、非智力因素与创新 ·· 81
　　第三节　创新人才培养的理论研究 ·· 89

第六章　高校创新人才培养模式构建 ·· 94
　　第一节　培养与创新人才培养模式 ·· 94
　　第二节　创新人才培养的主要理论基础 ··· 100
　　第三节　相关理论与我国高校创新人才培养 ··································· 102

第七章　高等学校创新人才培养的任务 ·· 106
　　第一节　营造良好的文化环境 ··· 106
　　第二节　造就科学高效的创新型人才队伍 ····································· 116
　　第三节　实施青年科技创新行动 ·· 121

第八章　高等学校创新人才培养的方法与途径 ································· 129
　　第一节　创办培养创新人才的学校 ··· 129
　　第二节　教师促进创新人才培养 ·· 133
　　第三节　打造培养创新型人才的课堂 ··· 141

参考文献 ·· 149

第一章 深化高等教育改革概论

第一节 深化高等教育改革的背景

中国特色社会主义的阶段有着深刻的宏观背景,从国际上来看,全球新一轮科技和产业革命方兴未艾,引发了世界政治、经济、科技格局的一系列重大变化;从国内来看,国民经济进入新常态,新经济崛起、新兴产业孕育发展与传统产业振兴升级同频共振,引发了社会生产与民众生活各个方面的深刻变革。新的社会背景赋予高校教育实现创新发展的新机遇,也给其深化改革带来了诸多挑战。面对急剧变化的国际国内环境,高校教育应如何重新定位,培养更加实用适切的新型高素质全能型人才?如何实施教育体制机制变革,以更好地服务和支撑国民经济社会发展?如何调整发展策略,以更加充分彰显自身的办学特色和教育优势?这些都是时代背景下摆在所有高校教育工作者面前的重大问题。因此,在现阶段结合我国高校教育生存与发展的时代背景,深入研究高校教育深化改革与创新发展的相关问题和具体策略,无疑具有重要意义。

一、高校教育深化改革与创新发展面临的新背景

(一)国际境遇——全球新一轮科技和产业革命兴起

21世纪以来,新一代信息技术、生物技术、人工智能、云计算等高新技术取得突破性发展并被广泛应用于社会生产和民众生活之中,催生了一大批新兴产业的崛起,同时也重构了世界产业链格局,引发了一系列深刻的产业变革。不仅如此,全球新一轮科技和产业革命的兴起还派生出全新的发展趋势。一是科学技术与产业生产的多元深度融合。随着科学技术体系的完善,现代科技创新越来越表现出集群化的特征,不同学科之间、科学与技术之间、不同技术之间的交叉、融合日益深化,正在重新定义和重构科学研究和技术创新范式。与此同时,高新技术在产业领域的广泛应用不仅改变了传统的工业生产模式,显

著提高了产业生产的技术水平、生产效率和附加值,还打破了以往的产业边界,使得不同产业之间边界日趋模糊,信息化与工业化、制造业和服务业深度融合,企业的经营范围持续拓展。二是绿色智能成为产业发展的新潮流。随着全球气候变化以及世界经济发展过程中资源环境制约因素的不断增多,绿色环保、智能制造已然成为现代产业发展的新潮流,现代科学技术在这两大领域中的突破性应用则进一步推动了该潮流的发展。面对全球新一轮科技和产业革命兴起带来的挑战,世界主要发达国家纷纷出台鼓励科技创新、新经济发展以及技术技能人才培养的政策措施。世界迫切需要更高水平、更高质量、更高效率的高校教育来培养更多高素质应用型技术技能人才,以支撑全球科技和产业革命的深化以及世界经济的增长。为此,联合国教科文组织颁布了《教育2030行动框架》,结合全球科技产业发展形势提出了高级技术技能型人才培养的新要求。在科技和产业加速变革的时代条件下,我国高校教育也必须与时俱进,及时进行自我变革和创新,更好地适应社会经济发展要求。

(二)国内境遇——新经济蓬勃发展,传统产业转型升级深入推进

全球新一轮科技和产业革命是伴随着全球一体化的进程发生的,中国作为已经深度融入世界产业经济格局中的大国,同样深受影响。近年来,我国以绿色、智能、普惠和可持续发展为特征的新经济发展迅速,类型丰富、形式多样的新技术、新业态、新产业、新模式层见迭出,不仅盘活了社会经济发展活力,有力地推动了高新技术的应用推广,也优化了经济结构,促进了全社会的消费升级。新经济之所以被冠以一个"新"字,就在于其发展逻辑和内在动力与传统经济截然不同:发展逻辑方面,新经济的孕育发展形成了全新的创新逻辑、资本逻辑、商业逻辑和劳动逻辑,不仅改变了生产力发展的路径和形态,也重塑着生产关系,产生了十分广泛的社会影响;内在动力方面,新经济的产生源于现代科学技术的广泛应用,而新经济的发展又为科学技术的进步创造了更广阔的空间和更优越的环境,创新日渐成为社会经济发展的核心动力,创新能力成为当前时代技术劳动者的核心竞争力。全球新一轮科技和产业革命在催生新经济发展壮大的同时,也为传统产业的转型升级创造了绝佳的机遇。2015年5月,国务院正式印发了《中国制造2025》,这份旨在推动我国由制造大国向制造强国转变的纲领性文件所列举的当今以及未来一段时期我国需要重点突破的制造业十大重点领域中,有七个是关于传统产业改造提升的。不论是新经济的蓬勃发展,还是传统产业的转型升级,知识、技术、创新无疑都是至关重要的动力。相应地,人力资源便成为现代产业经济中的核心要素。高校肩负着培养高素质、复合型技术技能人才的重任。在我国经济发展步入新阶段的背景下,高校教育必然需要进行深入调整和转变,以适应国内社会经济形势的发展要求。

（三）自身境遇——高校教育进入由外延式扩张向内涵式发展转变的关键阶段

20世纪70年代以来，我国高校教育大体经历了三个发展阶段：第一个阶段是高校教育的恢复阶段。中华人民共和国成立以后，我国借鉴苏联的教育管理体制，实行国家统管中央集权式的高校教育制度，以行政力量推动和控制高校教育的发展。

全国恢复高考以后，高校教育也开始逐步恢复，这一个阶段从20世纪80年代初一直持续到90年代末期，初步建立起了中学、高校相衔接的高校教育体系。第二个阶段是高校教育的外延式扩张阶段。2001年，以中国正式加入世界贸易组织为标志，我国对外贸易呈现出爆发式增长的态势。我国工业体系迅速发展壮大，客观上要求教育系统培育一支庞大的技术人才大军，高校教育由此进入规模高速扩张的时期，院校数量、在校生人数连年高速增长。第三个阶段是高校教育的内涵式发展阶段。2010年以后，内涵式发展逐步取代外延式扩张，成为我国高校教育发展的主线。"深化教育领域综合改革，着力提高教育质量""推动高等教育内涵式发展"的提出更为高校教育的发展提供了支撑。当前我国高校教育正处于建立现代教育体系的攻坚期，一些高校教育内在的深层次结构性矛盾亟待破解，我国高校教育必须深化改革，积极推进创新发展，以实现教育发展目标。[①]

二、高校教育深化改革与创新发展面临的新挑战

（一）就业市场急剧变化

全球新一轮科技和产业革命在改造产业经济格局和产业形态的同时，也引发了就业市场的剧烈变化。对我国而言，新经济的蓬勃发展和传统产业的转型升级交汇叠加，推动着就业市场的深刻变革。在国内外多重因素的共同作用下，如今的就业市场呈现出三大新趋势：第一，新兴行业人才供不应求，传统行业求职竞争较大。新经济的发展改变了传统的行业格局，一方面弱化了行业边界，另一方面催生出诸多新兴行业，在"大众创业、万众创新"的国家政策扶持下，一系列新兴行业迎来了快速发展的机遇期，互联网、电子商务、物流等行业人才需求旺盛，在部分地区出现了人才供不应求的局面，特别需要创新型人才为市场注入新的力量。第二，职业细分加剧，跨界人才竞争优势明显。移动互联网的高度普及激发了民众在衣食住行等各个方面的新需求，由此衍生出一系列更细化、更专业的高校人才，如专门面向手机开发软件应用的程序员、上门服务的穿搭师等，这些职业不仅要求从业者具备特殊的专业知识和技能，还要有良好的服务意识。综合素质和综合技能较强的跨界人才，在求职竞争中体现出较强的竞争优势。第三，经济高质量发展成效初显，技能型人才需求有所增加。知识、技术、创新是新经济加速发展和传统产业转

[①] 郭鑫.浅析新时代背景下高职教育深化改革与创新发展［J］.教育教学论坛，2020（30）：338-339.

型升级的三大重要动力。随着高新技术在新兴产业领域的广泛应用以及传统产业技术改造升级的深入开展,我国产业领域对掌握先进科学知识和现代生产技术工艺的人才需求量仍在增加,尤其是对高技能人才的需求不断上升。高校教育作为面向社会生产一线岗位培养专业技术技能人才的实用型教育,"以就业为导向"是其办学的基本宗旨。就业市场的快速变化对高校教育的适应性提出了更高的要求,也在客观上要求高等院校加快创新发展的步伐。

(二)教育改革任务依旧繁重

作为基础性公共事务的一部分,我国高校教育改革是跟随着经济发展的进程逐步拓展和深化的。但在很长一段时期里,与经济领域的改革进度相比,高校教育改革相对滞后,表现为管理体制机制僵化、教育内容陈旧和教育技术落后等,制约了高校教育办学水平和教育质量的提高,成为现阶段高校教育创新发展的一大障碍。

首先,在教育管理体制机制方面,当前各级政府职能转变尚未完成,政府、高等院校与市场的关系仍未理顺,因此在高校教育管理过程中存在政出多门、缺乏统筹、制度僵化、机制不健全等诸多问题并由此导致行业组织、企业等社会性力量参与高校教育办学的积极性不足,部分院校专业设置与企业岗位要求不匹配,教育供给与市场需求脱节。高校教育管理体制机制的僵化与现代社会经济发展对高校教育提出的更高要求叠加,使得高校教育管理体制机制改革的任务异常紧迫和繁重。其次,在教育内容方面,随着全球新一轮科技和产业革命的到来,各行各业、各个学科门类的新信息、新成果、新知识呈现爆炸性增长的态势,知识和信息更新迭代的速度前所未有。高校教育要跟上科技进步和生产实践发展的脚步,必须加快教育内容更新,让学生及时吸收和掌握社会生产实践的新信息、新成果、新知识。然而,当前我国高校教育教材编订周期偏长,教学内容选定流程烦琐,很多专业的课堂教学内容已经老化过时,却依然被讲授,影响了人才培养质量。最后,在教育技术方面,随着现代信息通信技术的广泛应用,教育信息化已然成为现代教育的"标配"。信息化教育有利于减轻教师的教学负担,能有效激发学生的学习兴趣,便于构建良好的师生互动关系,理应在高校教育教学活动中得到充分运用。然而,由于种种主客观原因,当前我国各类学校的信息化建设水平和信息化教学水平都比较低,制约着教学质量和学生信息素养的提升。

(三)教育环境复杂多元

一方面,随着我国对外开放的逐步深化,国内外的民间经济、文化交流越来越频繁,大量西方文化元素传入我国,影响着青少年的成长,也使得高校教育面临的社会环境更加多元。另一方面,随着互联网的高度普及,青少年获取信息的渠道异常丰富,社会思潮和网络舆论更加深刻地影响到学校,使得高校教育面临的内外部环境更加复杂。

三、高校教育深化改革与创新发展的目标导向

（一）突出高等性，坚持创新性，明晰办学方向

我国高校教育已经由外延式扩张阶段转向内涵式发展阶段，意味着高校教育的发展速度、办学质量、专业结构都应当发生相应的变化，高校教育办学要更加注重内外部协调发展，遵循教育规律，符合社会经济发展的要求，通过内部改革激发办学活力，寻求发展的新动力，这是我国高校教育在时代背景下实现创新发展的一个重要变化。当前教育环境的复杂多元造成人们对高校教育认识上的一些误区，模糊了高校教育的办学方向。实施高校教育内涵式发展的战略目标主要在于做优做强高校教育，这是现代高校教育现阶段改革与创新发展的根本任务，也是高校教育必须承担的历史使命。要想在现有基础上做优做强高校教育，必须深化思想认识，摆正教育观念，明确各个院校的办学定位与发展方向。突出高等性，坚持创新性，推动高等性与创新性的有机衔接，这是高校教育应当明确的根本定位。突出高等性，必须遵循高等教育办学规律，着力提高育人规格，注重人的全面发展，培养高素质、复合型、创新性的高端人才。

（二）重视经济性，保障公益性，提升发展内涵与质量

从教育属性来看，与其他教育类型相比，高校的职业教育具有更强的经济属性，与劳动者的就业价值和经济社会发展紧密关联。在很长一段时期内，我国高校教育始终是以公益性为主要办学导向，以公办高校为主体的高校教育承担着人才培养、促进就业、改善民生、消除贫困等一系列社会职能，为经济繁荣提供了重要支撑。然而，随着时间的推移，片面注重发挥公益性职能的高校职业教育逐渐暴露出诸多问题，其中最为突出的就是公办高校办学活力不足、高校教育供给与产业经济发展需求相脱节。公益性和经济性都是高校职业教育的本质属性，片面强调哪一点都是有失偏颇的。尽管当前我国高校教育办学在一定程度上突显经济性，但此举目的在于纠偏而非转向。当前时代背景下高校教育的改革与创新发展，必须坚持公益性与经济性的统一，重新审视、科学界定学校与社会、教育与产业的关系，深刻理解产教融合的实质内涵，更加充分彰显高校教育的社会效益和经济价值。

（三）优化学历教育，做强高校职业培训，健全培养体系

学历教育和职业培训是高校教育的两项基本内容，也是高校职业教育活动中互为补充的两个方面。学历教育具有系统性、全面性、专业性等优点，高校职业培训则具有资格性、实用性、强化性等优势，两者之间的互补性体现在学习目标、职业生涯、教育功能等各个方面。20世纪70年代以来，历经四十多年的建设和积累，我国高校教育形成了覆

盖面广、学科齐全、规模庞大的学历教育体系，为社会发展输送了大量高素质技能型人才，为我国的社会主义建设事业做出了突出贡献。但是，在高校学历教育实现跨越式发展的同时，我国高校职业培训发展缓慢，不仅各类高校投入到职业技能培训中的教育资源严重不足，各个地方也没有建立起相对健全的职业培训体系，高校职业技能培训总体上处于自为自发、零散破碎的状态。近年来，我国社会经济发展进入新常态，新经济加速发展与传统产业转型升级并进，广大产业劳动者迫切需要学习现代产业生产知识，更新实践技术技能。

四、高校教育深化改革与创新发展的新路径

（一）优化调整人才培养规格，培育具有个性创新能力的复合应用型人才

全球新一轮科技和产业的发展重塑了工业生产的基本形态和组织结构，大规模、集中化生产逐渐向个性化、定制化生产过渡，科层制管理向扁平式管理转变，大量重复性、机械性生产劳动由自动化、智能化生产设备完成，许多流程管理工作在计算机软件上实现。这一切显著改变了企业对人才规格的需求，适应现代企业管理制度和生产方式的技能型人才必须具备三方面的素质。

第一，具备创新能力。毫无疑问，创新能力正成为新时代高素质技能型人才需要具备的最重要的素质。尽管在现代化生产型企业中，自动化、智能化生产设备能够高质量完成低技能、重复性生产劳动，但市场营销、客户服务、产品设计、技术研发等需要充分发挥人的创造性的工作不可能被机器取代。可以说，创新能力既是新时代高素质技能型人才的安身立命之本，也是赢得良好就业前景的核心竞争力。第二，具备自我驱动能力。一方面，新时代的技术迭代和知识更新都明显呈现出加速趋势，学生只有不间断地自主学习、自我成长，才能跟上时代发展的步伐，始终满足工作岗位知识和技能要求，这无疑需要学生拥有良好的自我驱动能力。另一方面，现代企业的扁平化管理意味着毕业生在工作时间、地点、方法等方面拥有了更大的自主权，学生就业后在享受更多工作自由的同时，也必须具备更强的自我驱动能力，否则就可能因为懒散、拖延而影响工作进度。第三，具备复合职业能力。随着自动化、智能化、数字化生产设备在现代化生产型企业中的普及性应用，越来越多的生产型企业从烦琐的人力资源管理工作中解放出来，将经营范围延伸至研发、设计、物流、营销、售后等全产业链，以更加贴近消费者的模式经营企业。在更加泛化的经营模式下，企业所需要的技能型人才不仅需要掌握生产知识和技能，还需要能够参与产品的设计和研发、市场营销乃至售后服务等工作环节，因而复合职业能力也就成为现代职业人必须具备的一项职业能力。综上所述，新时代背景下高校教育改革与创新发展需要及时优化、调整人才培养规格，以培育具有个性创新能力的复合应用型人才为目标。

唯有如此，才能确保高校教育培养出来的人才有能力胜任当前以及未来世界的岗位工作需要。

（二）加强专业融合集群发展，对接战略新兴产业的人才需求

在全球新一轮科技和产业发展的推动下，具有共生性和互补性的产业依托互联网和现代物流系统紧密联系在一起，越发明显地表现出集群化发展的趋势和特征。高校教育要实现内涵式发展，提升服务和支撑区域产业经济发展的能力，必须跟随现代产业集群化发展的步伐，加强专业融合集群发展。首先，高校要在深入调研区域产业群发展需求的基础上，结合自身办学特色，科学规划专业集群的组建方向，实现专业群与产业链无缝对接。其次，高校要建立专业集群构成专业的进入与退出机制，根据区域产业、行业中的岗位变化与人才规格需求变化，灵活调整专业群成员，适时清退过时专业，及时增设新兴专业与社会急需专业。最后，高校要创新专业教学制度，注重群内各专业课程内容的适配性以及教学安排的协同性，确保专业群教学组织实施的稳定有效，专业教学质量稳步提高。此外，高校教育还必须积极响应新兴产业崛起对高素质技能型人才的培养需求，及时调整、优化专业结构，实现新增专业与新兴产业的无缝对接。高校教育是以技术技能教育为主要内容的教育类型，现代的产业发展已然产生了围绕高新技术的发展需求，高校必须积极调整专业结构，优化专业种类和内涵，针对国家重点培育和发展的战略性新兴产业"布局谋篇"，促进新增专业与新兴产业的对接，培育一大批适应新兴产业岗位工作要求的高素质技能型人才。

（三）实施多维度的质量建设，推动高校教育关键要素变革与突破

随着现代科学技术在社会生产、服务、建设和管理等领域日益广泛的应用，各行各业的一线岗位对技能型人才的综合素质要求越来越高，社会对提高高校教育质量的需求比以往任何时候都更加迫切和强烈。新时代背景下的高校教育要实现创新发展，必须始终坚持质量是人才培养的生命线，实施多维度的质量建设，推动高校教育关键要素变革与突破，持续提高教育质量。

第一，深入开展"课堂革新"，从整体上优化课程内容和教学过程。高校要根据现代教育理论研究成果，结合当今时代青少年成长的身心特征更新教学理念和教学方法，以人为本，以学定教，既要做好常规课堂教学工作，也要注重个性化、多样化教学。此外，高校应当增强教学管理的灵活性，加快课堂教学对新技术、新模式、新标准的响应速度，及时把技术进步和生产发展的新成果转化为教学内容，优化课程资源供给。第二，强化师资力量，建设"双师型"教学团队。师资是影响人才培养质量的主要因素之一，高校要加强质量建设，必须高度重视师资队伍建设工作。一方面，高校要关注教师成长，加大对教师队伍的培养培训力度，以教师发展中心为专业发展平台，构建多层次、立体化的教师培养

体系，同时强化教师企业实践制度，鼓励、支持专业教师到企业挂职锻炼，促进教师提高专业素养和实践能力，优化"双师型"结构；另一方面，高校要创新师资建设管理机制，依托校企合作平台探索学校和企业联合培养教师的新模式，通过校企互派互聘，促进人才合理流动，强化知识和技术交流，优化教师队伍专兼职结构，打造"双师型"教学团队。第三，加强质量监督，建立多元质量保障体系。高校要提高教育质量，必须建立质量监督体系，帮助自身持续优化人才培养的各个环节。一方面，高校要构建内部质量管理系统，设立常态化的教学工作诊断制度，强化内部质量控制；另一方面高校要健全社会监督机制，加强与行业、企业、社区、家庭的联系，并接受社会各界的监督，根据其反馈调整、优化人才培养过程。

（四）搭建多主体的治理体系，理顺政府、院校和市场之间的关系

现代社会背景下，高校教育面临的教育环境更加复杂多元，这就需要高校教育深化院校治理体系改革，理顺政府、院校和市场之间的关系，构建起多主体共同参与、协同共管的院校治理体系。"市场机制有效，微观主体有活力，宏观调控有度"是建设现代化经济体系的体制保障，也是高校教育深化院校治理体系改革的方向。为此，需要做好三方面的工作：第一，明确政府主体责任，落实政府推动作用。政府机关是我国公共事务管理的权威机构，理应承担并履行好"宏观调控有度"的职责。各级政府要深入学习并领会中央颁布的一系列支持高校教育发展的文件精神，贯彻、落实好各项政策措施，为建设现代化高校教育体系营造良好的政策环境和外部条件。同时，各级政府还要切实转变职能，深化简政放权，把管理重点放在统筹规划、资源配置、部门协调上来，给予高校更大的办学自主权，避免政府职能"越位"与"错位"。第二，充分发挥市场功能，激活市场引导作用。高校职业教育本身的职业属性决定了其与市场的紧密关系，高校教育要培养实用的技能型人才，必须促进教育要素与市场要素的深度融合，走市场化办学的道路。一方面，高校要在办学过程中引入市场机制，积极探索混合所有制办学模式，大力吸引社会力量参与高校教育办学，充实高校教育办学资源；另一方面，高校教育要进一步深化产教融合、校企合作，探索建立产学研一体化办学模式，构建校企资源共享、互惠共赢、共谋发展的"双赢"格局。第三，强化学校主体意识，彰显院校主体作用。首先，要明确高校的核心主体地位，搭建高校教育多主体治理体系。高校要切实强化自身的主体意识，主动承担起推动新时代高校教育改革和创新发展的责任和使命，想办法、出举措，引领高校教育迈向更高水平。其次，高校要以制度建设为抓手，构建"党委领导、校长负责、企业参与、社会监督"的高校多元治理结构，促进院校治理的民主化，提高院校决策的科学性。最后，高校要依法履行、充分用好办学自主权，改革创新人事制度管理、专业建设、教学管理等制度建设，不断激发办学活力。

第二节　深化高等教育改革的内涵

一、教育改革的含义

要明确教育改革的含义，首先要明确"改革"的含义。在教育改革的研究文献中，有许多术语是交替使用的，我们经常见到的有改革、变革、改进、革新等。

改革，英文翻译为 reform，在《现代汉语词典》中的释义为"把事物中旧的不合理的部分改成新的、能适应客观情况的过程"，例如：技术改革、经济体制改革、教育改革等。改革是政治、社会、文化、经济做出的改良革新，改革是指在现有的体制之内实行变革，改革是社会发展的强大动力。

变革，英文翻译为 change，在汉语中指"改变事物的本质（多指社会制度而言）"，如社会变革。

改进，英文翻译为 improvement，在汉语中指"改变旧有情况，使有所进步"，如改进工作。明确了改革、变革、改进、革新的基本含义，那么如何理解教育改革、教育变革、教育改进、教育革新的含义呢？

（一）教育变革

国际著名教育变革理论专家哈维洛克（R.G.Havelock）教授曾对"教育变革"作过如下定义："教育变革就是教育现状所发生的任何有意义的转变。"这一界定中有三点是值得注意的：首先，教育变革是以"教育现状的变化"为判定标准的，无论我们在理论上或思想上有多么美好的构想，如果不引起教育现状的实际变化，都不能称之为教育变革。其次，教育变革是以"有意义的转变"为标志的，也就是说，教育变革有着显著的效应或结果，意味着教育的最初状态与以后状态的明显不同。最后，教育变革是一个中性的概念，它所表达的是教育现状所发生的变化与改变，并不是必然地是一种进步或改进。换句话说，教育变革的结果可以是正向的（教育之改进），也可以是负向的（教育之退步）。

教育变革是一种长期的、渐进的变化，从这个意义上说，人类的教育一直处于不断的变革之中，它是教育得以延续和发展的"基本法则"。古代的教育之所以演变成今天的现代教育，就在于教育始终处于变革之中。哈维洛克（R. G. Havelock）和古德（C. V. Good）根据变革的推行方式，将变革区分为"有计划的教育变革"（planned change of education）和"自然的教育变革"（natural change of education）两类，"有计划的教育变革"是指有明确的变革目的，凭借一定的变革方案或变革策略推行的、蓄意的教育变革，我们通常所说的教育改革、教育革新、教育改进都属于这类教育变革；"自然的教育变革"是指没有专门的变革方案和策略，也没有明显目的性的教育变革，比如教师对自己教学方法随意的调整与变换、人口增长或下降所导致的学校规模或班级规模的扩大与缩小等。

（二）教育改革

在西方的教育文献中，教育改革是最广为使用的概念，相对来说，在我国"教育改革"一词更为人们所熟悉。"改革"在教育领域的普遍使用出现于19世纪，但直到19世纪40年代以后，教育改革问题才引起学术界的高度重视，20世纪70年代才出版了一系列的相关论著，如特罗（W.C.Trow）的《教育改革的途径》、汤泽（S.Tonsor）的《教育的传统与改革》、鲍尔斯和金蒂斯（S. Bowles & H. Gintis）的《资本主义美国的学校教育：教育改革与经济生活的矛盾》等。

关于教育改革含义的理解，从文献研究来看，可以说是仁者见仁，智者见智。教育改革系统论者认为，教育改革在本质上是教育系统发生结构变化以优化其各种功能的过程；而教育系统改革合理决策论者则认为，教育改革在本质上是使教育系统更合理化的过程，包括各方面的决策的合理化；教育改革渐进论者认为，教育改革在本质上是一个自然的演变过程，是教育进步的必然程序；而教育改革突变论者则认为，教育改革在本质上是一个质变过程，是一个飞跃……这些看法各不相同，甚至有某种对立，但是也有某些共性。例如，都强调教育改革是一个过程，这说明了教育改革的时间周期性和计划程序性；再如，都强调教育改革的变革性质，或者是对结构功能的变革，或者是对决策的变革，或者是自然的渐进性的变革，或者是突发的飞跃性的变革。

综上所述，我们认为，教育改革是对落后的教育状况或教育思想乃至教育理论进行有计划、有目的的变革，使其获得预期的进步和发展的过程。教育改革有两个特性：第一，教育改革是对未来的反映。教育改革总是面向未来的行动，它要改进令人不满意的教育现状，因此，它包含着对未来的憧憬以及对理想教育体制的设计等。教育改革是有计划、有目的地进行的，它需要科学的预测、规划和设计，不是随意进行的。第二，教育改革与教育政策的变化相关。教育改革较多地体现了政府对教育改变的意志，表现为国家或地方教育政策上的变化。这是教育改革区别于教育变革与教育革新的重要判定标准之一。教育变革或教育革新更多的是在组织层面使用的概念，如学校变革、教学革新等；教育改革通常是政府以行政命令、政策文件、法律法规等方式推行的一种教育变革，教育改革只有与国家政策相一致，才能有效地达成目的。

教育改革的目的在于去除教育中错误的和有缺陷的东西，以改善教育之现状。但对什么才是教育改革的对象，学术界有不同的认识。有人认为，教育中一切陈旧、不合理的方面都是教育改革的对象，它包括理论和实践两个方面：从理论上看，包括教育思想、教育观念的更新；从实践上看，包括教育制度、教育内容、教育方法的改进。还有一种观点侧重于教育实践的变更，认为教育改革的对象主要是教育体制和课程计划两大方面。虽然第二种观点对教育改革的限定十分严格，但却为大多数研究文献和国际报告所接受。

教育改革是一个系统工程，应该包括各级各类教育。各级教育有其自身的特点，即使是"以人为本"，在不同阶段也有不同要求。婴幼儿教育与基础教育、普通教育与职业教育、中等教育与高等教育都各有不同规律。

（三）教育革新

教育革新同教育改革一样，也隶属于有计划的教育变革范畴。"教育革新"在教育领域出现也是在20世纪40年代以后，教育变革理论的主要创始人美国学者迈尔斯（M.B.Miles）教授编辑出版的《教育革新》一书，大概是第一本以"教育革新"为主题的专著。

尽管"教育革新"与"教育改革"是两个不同的概念，但许多重要组织或学者都对两者给予了几乎相同的界定。例如经济合作与发展组织（OECD）认为，"革新是一种按某种预期目标以改进实践的有意识的尝试"。OECD的文件还补充说，这个定义"也不排除与制订同旧的目标无关的新目标、新政策有关的革新"。波·达林（P.Dalin）也认为，"革新就是一种经深思熟虑的、旨在改进与既定目标相关的实践的尝试"。不过，综观各种定义，还是迈尔斯（M.B.Miles）教授在《教育革新》一书中的界定最能反映这一新概念的特质，他认为"革新这个术语指的是深思熟虑的、新颖的、专门的变化，这种变化被认为在实现一个系统的目的方面更为灵验"。这个定义有以下几点值得注意：首先，革新在于"新"。革新重点是在教育变革过程中一定要引入新概念、新方法、新技术、新制度、新标准，它是"新颖的"。其次，革新在于"研究"。革新不是突然冒出的新想法，它是深思熟虑的，是经过专门研究、试验的，对实现一个系统的目的是"更为灵验的"，是"专门的变化"。所以，教育革新这一概念更具专业的品质，更具科学的气息。不能随意把一项变革称为"革新"，就像我们不应该滥用"教育创新"这个概念一样。

关于教育革新的对象，学术界也有争论，有的认为革新的主要对象是管理学校和班级的方法，有的认为是课程和教学大纲。但在国际学术界获得更多认可的观点则认为，教育革新的对象是整个教育系统。从这个意义上说，教育革新的外延要比教育改革大。

（四）教育改进

教育改进是近年来才出现的概念，作为学术话语的"教育改进"一词大致起始于20世纪80年代。

关于教育改进有影响的定义，有学者认为"学校改进是一种系统的、持续的努力，其目的是在一所或更多的学校中变革学习条件及其他相关的内部条件，其最终目的是更有效地实现教育目标"。从这一定义中，我们可以引申出以下思考：第一，教育改进关注的是教育发展。在教育变革的文献中，组织发展（Organization De-velopment，简称 OD）常被列于其中。所谓组织发展就是提升组织在不断变化环境里的学习与适应能力的过程。从教育发展的视角看教育变革，这是一个新的变化，它不仅重视变革这一过程本身，更重视实施变革之组织的能力建设，这较过去是一大进步。第二，教育改进的目的是促进学校的整体变革。学校改进概念融入了系统思维，它既注重学校变革的系统性（它涉及学校文化、人事、财政、制度、课程、教学等方面），还注重学校变革的持续性，对外部环境变化保持敏感的反应和动态的适应。关于此观点，可阅读《谁动了我的奶酪》。

关于教育改进的方式，学术界存在一定的争论，一种观点认为教育改进应该是在既定目标范围内不改变基本价值观和目标的情况下所进行的变革，另一种观点认为教育改进重点在改变既定目标和假设。目前，被广为认同的观点是：学校的环境正在迅速改变，学校的目标不应僵化不变，学校应该在各个方面持续发展，以适应不断变化的环境。①

二、教育改革的几对关系范畴辨析

教育改革是一个系统工程。一项成功的教育改革离不开对教育问题的准确界定、教育实验的严谨探索和教育政策的有力保障。如何定位教育改革与教育问题、教育实验、教育试验、教育政策之间的关系，是教育改革不可回避的问题。

（一）教育改革与教育问题之间的关系

任何教育改革都始于问题，没有无缘无故的教育改革。现实教育中存在各种各样的教育问题，比如考试制度问题、应试教育问题、教育评价问题、课程问题、教师素质问题、教育体制问题、教育发展不均衡问题、教育资源不足问题、民办教育发展问题等，这些问题都不同程度地制约着教育的发展。那么什么是教育问题呢？是不是所有的教育问题都是教育改革的对象呢？

一般认为，所谓教育问题是引起人们广泛关注的，在教育生活中所发生的异常事态或有可能影响将来社会生活的危险教育状态。很多人以为，现实中存在的问题都是客观的，其实这是一个错误的认识。我们知道，任何问题都是以人们认识到的"异常"或"危险"为前提的，而人们对这种"异常"或"危险"的感知和认识，常受以下三个因素的影响：①认识对象的事实状态。②认识主体的判断标准。③问题归因与解决的难易程度。也就是说，对同样的事实状态持有不同的判断标准，就可以得出"是问题""不是问题""是大问题""是小问题"等不同的结论。从这个意义上说，教育问题具有一定的主观性。

如果把改革理解成是对问题的一种解决对策的话，那么如何认识教育问题直接影响

---

① 慕彦瑾，李芳，段晓芳.当代基础教育改革和发展研究［M］.成都：四川大学出版社，2012.

采取何种教育问题处理策略。一般说来，如果问题是特殊性的，仅仅在某个教育场所存在，那么采取实践性的改革就可以了；如果问题是普遍性的，广泛地存在于教育实践活动中，那么就必须采取政策上的改革。如何清晰地发现问题、认识问题是进行教育改革的第一步。

为了提高教育改革的有效性，必须区分教育问题。日本学者腾田英典认为，教育问题可分为四类：一是以探求真理为课题的问题，称为"真理问题"，它通常是学术研究的对象；二是以调整利害关系或理念为课题的问题，称为"调整问题"，比如高中升学考试制度的改革；三是以恢复到旧有的状态和纠正越轨行为为课题的问题，称为"目标问题"；四是以构想未来教育应该达到或应该回避的状态为课题的问题，称为"计划问题"，比如教师专业化、焕发学生的生命活力等问题。除了"真理问题"之外，其他均可作为教育改革的问题，只是在现实中，几类问题并不是孤立出现的，而是经常重叠在一起的。

（二）教育改革与教育实验、教育试验之间的关系

教育改革与教育实验、教育试验分属于两个不同的领域，前者属于"工作"范畴，后者属于"研究"范畴。教育改革以促进教育实践发展与进步为目的，在自然情境下进行，不需要控制相关条件；而教育实验则是以查明事实、发现规律为目的，它是在实验情境中进行的，要控制无关变量的干扰；教育试验是为了验证某种新理论、技术、方法、方案或实验研究结果而进行的尝试性教育实践，其本质是"验证"和"尝试"。教育实验与教育试验是不同的，教育实验是在有控制的条件下进行的，它是教育改革的起点和来源，其目的在于"发现"和"创新"；教育试验则是在非控制情境下进行的，它是教育实验成果使用的途径与方法，以验证某种改革方案的有效性和可行性以及推广的范围，其目的在于"应用"和"推行"。两者的共同点就是尝试性。但是，教育改革与教育实验、教育试验又是有联系的。如果教育试验证明某种新理论、新制度、新内容或新方法在实践中是有效的、可行的，就必然会导致教育实践的变革。在很多情况下，教育改革的设想和方案也通常来自教育试验。

在我国，我们经常遇到一种现象，教育改革方案"一试点就成功，一推广就失败"。这其中有许多是体制问题，因此教育改革必须首先对教育试点本身进行改革。因为政府选择试点的背后是大量教育资源的投入，它存在"试点边际效益"，而当改革方案推广时，政府不可能给予非试点单位同样的资源投入，不存在"推广边际效益"，所以"一试点就成功，一推广就失败"的现象就不难理解了。

目前，随着我国校本管理的推行，越来越多的学校拥有了发展的自主权。他们可以自己进行教育改革的试点，而不是像过去那样由政府选择教育改革试点，这是一个进步。它打破的不只是传统的"研究—试点—推广"三家分离的模式，使学校成为研究、试点和推广的主体，它还打破了教育改革的线性思维，即认为某种教育改革方案一定具有普适性和

可推广性，它最终限制的是人们多元化探索、教育实践的丰富性活力以及人们的复杂性与流动性思维。通过教育试点，我们可以发现一些共性的问题，但它绝不可以代替推广时所面临的千差万别的特殊性，所以教育改革的全过程都具有试验的、探索的性质，可以说，教育改革过程本身就是一项特殊的科学研究过程，教育改革必须要有科学的态度。

（三）教育改革与教育政策之间的关系

教育改革与教育政策也分属于两个不同的范畴，前者是一种教育的实践"行为"，后者则是一种教育的实践"规范"。一般认为，所谓教育政策就是具有一定行政效力的组织机构（如中央政府、教育行政机关）对系统内部教育发展所作出的行动规定，它具有较高的强制性和规范性。

教育改革与教育政策之间既有联系，又有区别。从联系的角度看，一方面，教育改革与教育政策之间存在着交叉。一些新政策的出台，在一定意义上就可以看作是一种教育改革或教育改革的导向，比如我国实行的三级课程管理政策，就是对我国传统课程管理体制的一种改革。同样，大范围的教育改革也通常是以教育政策的面目出现的。另一方面，一切重大的教育改革都离不开教育政策的支持，教育政策是教育改革获得成功的政治性保障。合法化的教育改革措施可以作为一种政策资源对教育的发展起推动作用，政策资源短缺，教育改革通常难以成功。

但是并不是所有的教育改革都能变成教育政策，改革都是针对特定问题的。如果一项改革所针对的问题仅仅在某一学校存在，并不具有普遍性，那么改革仅是学校的一项改革而已，不能成为国家或地区的教育政策。同样，也不是所有的教育政策都是教育改革的政策，许多政策仅仅是一种一般性的行政规范，并不带有远景性的目标，也不引入新概念、新方法、新技术、新制度和新标准。有时教育改革与教育政策之间还经常存在一种张力。一方面任何教育改革都不能违背教育政策，比如当国家实行素质教育政策的时候，进行强化"应试教育"的改革就被认为是违背政策的；另一方面教育改革只有走在教育政策的前面才能带动教育实践的进步与发展，才能推动教育政策的改进。

第三节　深化高等教育改革的特性和规律

一、教育改革的特性

当今时代是一个改革的时代，各行各业都在进行着各自的改革。与其他行业的改革相比，教育改革具有以下特性：

（一）教育改革的社会制约性

教育改革是社会系统的重要组成部分，既受社会系统的制约，同时又对社会产生积极的影响。但从根本上来说，教育改革具有很强的社会制约性。所谓教育改革的社会制约性是指教育改革的进行通常受社会变化大背景的影响，是教育对社会大背景的反映。

几乎所有现代国家都把教育当作是应对社会变迁挑战的重要手段。所以，当社会出现新的发展趋势的时候，教育不可避免地要进行相应的调整、变革。21世纪的全球社会化表现出了一些新的特征，比如经济全球化导致的利益格局重组，现代信息技术导致的第二生存空间，价值多元化导致的文化冲突与对抗，科技竞争导致的工具实用主义倾向，学习化社会导致的教育体系变更等。这些新变化将导致教育的知识基础发生变化，人们开始对以往习以为常的教育内容与学习方法产生怀疑，要求改革课程与教学，迎接知识时代的挑战；由于学校以外出现了一个巨大的信息空间，传统学校教育的垄断地位受到质疑，以网络学习为代表的新教育形式要求变革传统的教育手段与方式；随着社会富裕程度的提高，导致青少年出现无兴趣、无毅力、无责任的现象，为什么要学习？为什么要受学校的约束？教育意义基础的变化，要求教育进行自由化与市场化的改革，以适应多样化的社会需求。

（二）教育改革的文化连续性

虽然教育改革是对社会共同的变革趋势做出的反映，但是由于各国文化的不同，其教育变革又有许多差异性，表现出了极强的文化连续性。从世界范围看，教育改革似乎有这样一种特征：政治、经济制度相同的国家，其教育变革的路径却有所不同；相反，属于同一个文化圈的国家，虽然政治制度不同，但其教育改革却有许多相似之处。这就是教育改革的文化连续性。

以我国的教育改革为例，20世纪80年代末所进行的素质教育改革，既有对社会发展依附的特征，也有内在的连续特点。从社会依附视角看，罗马俱乐部发表的著名报告《增长的极限》认为，自工业化以来，人类对自然资源的破坏性掠夺、对生态环境的破坏性污染，导致人类赖以生存的资源正在急速削减，生态在急剧恶化，人类的增长已到了极限。为了使人类能继续在地球上生存，罗马俱乐部提出了悲观的"零增长"政策，但受到批判。经过重新思考之后，罗马俱乐部连续发表了《世界的未来》和《学无止境》两份报告，认为人类所面临的全球性问题，从本质上说是人类自身的问题。人类若想解决这场全球性问题，就必须发展人类自身，充分地挖掘人类自身所具有的无限潜能，改变传统的维持性的学习方式，倡导一种创新性的学习方式。"创新性学习"政策虽然积极，却助长了人类的掠夺行为。退休后的罗马俱乐部主席奥雷利奥·佩西开始反思以往的政策，写出了一本自传体的著作《人类的素质》。在书中，他认为，"创新性学习"固然重要，但不能因此而放弃人类人文道德素养的提升。这便是素质教育的国际背景。

我国所进行的素质教育改革除了受国际趋势的影响，更重要的还是内在独特的文化连续性。我国在所谓的"素质教育"名义下所进行的改革，实际上解决的都是供求矛盾问题。在中华人民共和国成立初期，我国就确立了"教育为工农服务"的教育方针。教育向广大工农群众开门，工农群众都希望能走进校门。然而当时的学校数量有限，希望受教育人数的无限性和国家所能提供的学校数量的有限性之间的矛盾十分突出。为了解决这一矛盾，刘少奇在调研的基础上提出了"两种教育制度"的政策，即半工半读和半农半读。这一政策的出台，不仅在一定程度上减少了需求与供给之间的矛盾，而且还遏制了轻视体力劳动的不良风气。随着入学机会的增加，学成者要求升学与上一级学校数量有限之间的矛盾又重新凸显，当时国家还无力解决这一继发性的矛盾，因此就导致了为了升学而片面追求升学率的状况。

高考制度的恢复又重新燃起了莘莘学子的求学热望。累积了求学热望很久的青年要一次性地拥入大学的门槛，其竞争之激烈可想而知，所以片面追求升学率又一次成为学生的选择。严峻的片面追求升学率局面引起了国家的重视，为了解决这一问题，国家颁布了《关于教育体制改革的决定》，提出"调整中等教育结构"的政策，即扩大中等教育层次中职业教育的比例，减少普通教育的数量。国家期望通过学生分流来缓解升学压力。但是，由于职业教育的出口只能就业，普通教育的出口就是升学，所以普通教育与职业教育就演变为升学教育和就业教育的"双轨制"。尽管这一政策在实践中收到了一定的成效，甚至一些地区的中等职业教育与普通教育的在校生比例达到3∶2，但毕竟高校招生人数有限，随着我国九年义务教育普及所导致的中等教育人数总量的增加，普通教育内部的竞争不仅没有减轻，反而更加激烈了，其重要表现就是由片面追求升学率转向"应试"。一时之间，"应试教育"成为社会口诛笔伐的对象，素质教育成为教育界倡导的新目标。高等教育供给不足是素质教育难以前行的根本原因所在。经过多年的讨论之后，教育部终于痛下决心，于1999年做出"高校大扩招"的战略决定，解决长期以来困扰中国教育发展的瓶颈问题。

（三）教育改革的相互借鉴性

教育改革虽然受社会变化的影响，受内在文化的制约，但这并不意味着世界各国之间的教育改革就缺少了共同之处。实际上，随着全球化进程的加快和各国之间教育交往的频繁，各国之间在教育方面的相互影响也在日益增加。几乎世界上的每一个国家都从其他国家借鉴了教育发展的经验，进而变革自己的教育。

以日本的教育改革为例，在19世纪60年代以前，日本的社会结构是以集团和等级制度结合而成的农村共同体社会，没有强调个性发展的教育传统。19世纪60年代以后，受欧美思想的影响，开始出现重视个性教育的趋向。但是好景不长，19世纪80年代，受国家至上路线的影响，教育过分政治化，天皇要求培养无条件的忠君爱国的臣民，个人主义和自由主义的思潮受到遏制。19世纪10年代后，欧美各国掀起了民主运动的高潮。美国的进步主义教育和欧洲的新教育思想传到日本，在日本也兴起了一场教育革新，表现为批判以往落后的教育，提倡以个性为中心的自由主义教育，重视发挥学生的积极性，推行个性化教育。然而受政府军国主义思想的压制，个性教育并未能得到充分发展。日本真正实施个性教育，应该说是与美国的"指导"分不开的。

发端于20世纪60年代末70年代初的第三次教育改革也强调了"重视个性"的教育思想。应该说，完整的个性教育思想从根本上是欧美国家的教育思想结晶，但却完全被注重团体精神的国家所借鉴。同样，西方国家也可以向东方国家的教育改革学习。这就是为什么教育要面向世界、世界教育要相互交流、比较教育应该存在的理由。

（四）教育改革的先进性

一般来说，教育改革都要使教育获得进步和发展。如果不能，那么这种改革是徒劳无益的。事实上，它也不能算作改革。但是，先进性并不是没有限度的，超越现实越远越好，它也包含一定程度的要求。即从实际出发，教育改革必须使被改革的对象在质与量上有实质性变化，既能使改革达到尽可能好的效果，而又不是高不可攀，远不可及，缺乏可行性。教育改革的进步性可以表现在不同层次，大而言之可以使整个教育水平有新的提高，小而言之可以使具体的局部教学方法得到改进。

（五）教育改革的创造性

任何一种改革都是创新，用新的、先进的事物代替旧的、落后的事物。教育改革也是一个探索、创新的过程，同样应具有创造性，需要经过创造性试验来证明其新思想、新理论的有效性和可行性，否则教育改革是不可能发生的。教育改革的创造性表现在教育观念、思想的新颖性，指导理论的科学性、先进性，改革目标的超前性，改革方略的高瞻远瞩，处理新情况、新问题的灵活性、机智性等。

（六）教育改革的系统性

教育是由各种要素组成的一个小系统，也是社会系统的一个有机组成部分。教育改革必然涉及教育小系统内部各个要素的改革以及其他社会系统改革。这种系统性对教育内部而言，在横向上表现为各种因素的协调一致，在纵向上表现出各个环节、各种方略的紧密联系和统一两方面。无论是某一教学法的单项改革，还是学制、课程和教法的整体改革，都要以系统的理论与方法作基础。对教育外部而言，教育改革与有关的各项社会改革要配合一致，没有相应的配套改革，教育改革就难以成功。例如高校毕业生分配制度的改革，首先要改革国家统包统分的制度，让大学生自谋职业；还必须配以劳动人事制度的改革、人才使用与管理制度的改革等。如果没有这些配套改革，单独进行分配制度改革是行不通的，即使强制执行，也会产生不良后果。所以不注意教育改革的系统性，就不可能达到预期的改革目标。

（七）教育改革的科学性

教育改革是一项极其复杂和富有创造性的社会实践活动，所涉及的问题、理论和技术很复杂，不容易被掌握和运用。因此，教育改革必须具有科学性。其科学性表现为教育改革决策的科学性、方案设计的科学性、实施过程的科学性和评价的科学性等。决策上的科学性，表现在对教育改革各种条件估计的充分性和教育改革结果预测的准确性、教育改革领导与管理的科学性等方面；方案设计的科学性，表现在教育改革各项因素的调配一致、功能的协调统一，经过严格的科学论证以及设计方案的语言文字表述规范、准确等方面；实施过程的科学性，表现在实施过程的有序性、逻辑性、灵活性、创造性等方面；评价的科学性表现在评价资料的准确性、客观性，评价结果的正确性、有效性等方面。[①]

二、教育改革的规律

教育改革的规律是教育改革过程中内部和外部的各种因素之间内在的必然的联系或本质的联系。

教育改革的规律是比较复杂的，教育改革实践是在不断变化发展的，教育改革规律的表现形式也随之不断变化，甚至有些规律随教育改革的发展而失去作用。从马克思主义哲学关于客观事物的规律的一般认识论来看，我们可以去探讨教育改革的两种规律，即一般的普遍的规律和具体的特殊的规律。就目前的认识来说，教育改革包括以下一般的普遍的规律。

（一）教育改革必须适应和促进社会变革

适应即教育改革必须与社会变革的一般趋势相一致并受社会的政治、经济、科技、文化变革的制约，遵循它们的有关要求。促进即教育改革反作用于社会性变革，推动它的发展，或者构成社会变革的基础，或者构成社会变革的依靠力量。

（二）教育改革必须适应和促进人的发展

教育是培养人的专门活动，教育改革必然是培养人的活动的改革，因而关系到人的发展。它必须遵循人的发展的规律，尊重人的个性特点、兴趣、爱好等，并受这些因素的制

---

① 刘道玉.中国高等教育改革论［M］.武汉：武汉大学出版社，2018.

约。但是，教育改革不是被动、消极地适应，而是积极、能动地促进人的发展。

（三）教育改革内部各种因素间的相互联系和制约

一种因素的改革必然涉及相关因素的变革。这是由教育改革的本质特点所决定的，也是唯物辩证法关于普遍联系的规律的具体表现。这一规律要求教育改革必须从整体出发，进行因素的优化组合和功能的配套一致。

那么，何谓特殊的具体的教育规律呢？它是指在特定情况下起作用或适用于具体类型教育改革的规律。也就是说，这种规律是有条件的。我们做出一般的普遍的规律与具体的特殊的规律的划分。在这里，一般的普遍的规律适用于任何国家、地区、学校的教育改革。无论资本主义的教育改革，还是社会主义的教育改革，都适用。特殊的具体的教育改革规律只适用于特殊条件下，或者局部地区，或者针对某一方面的教育改革。由于特殊的具体的规律适用于特殊的具体的情况，因而也就难于总结出某些公认的规律来。就我们现有的认识水平来说，我们认为，我国社会主义教育改革的规律可以归结出几条，例如，我国社会主义教育改革必然沿着社会主义的轨道进行，这是一条规律，违背这一条规律，改革就会失败。此外，我国教育改革必须与我国社会主义初级阶段的国情相适应并努力为初级阶段的发展服务。我国的国情包括我国的政治、经济、文化背景，我国各地区的发展的不平衡性等。教育改革不能脱离这一国情，脱离国情，照搬外国的做法或模式，必然失败。我国的国情要求教育改革"面向现代化，面向世界，面向未来"，坚持中国共产党对教育改革的领导，即坚持中国共产党的教育方针、政策、路线。以上所谈的这些规律也是我国教育改革的特殊规律。

最后，还须进一步指出，一般的、普遍的规律在具体的、特殊的教育改革中也有特殊的表现形式，不能一概而论。

第四节 深化高等教育改革的类型

对教育改革进行分类学研究，目的在于鉴别和认识教育改革的多样化过程和规律、各种改革适用的目标和范围、特有的方略和技术等，以供教育改革决策时选择使用。

一、已有的教育改革分类研究

由于研究者的立场、观点、方法不同，教育改革种类的划分也就不同。例如国外研究者从层次上把教育改革分为三类：学校的外在结构改革，包括年级划分、课程结构与学校组织的改革等；课程内容与教学计划的改革；教学方式方法和评价的改革。对课程改革从层次上分，也有人将其分成三种类型：对课程进行的政治改革、课程制度的改革、课程教学的改革。从教育改革的对象、目标方面进行分类，则有以下类型：教育管理与动作方面的改革、教育时间运用方面的改革、教育目标方面的改革、教育程序方面的改革、教育角色方面的改革、德育方面的改革、教育结构方面的改革、教育的社会功能方面的改革、教育与其他社会现象的关系的改革。这种分类可以说已很细致了。

中国台湾学者杨国赐也从改革的目标和对象方面划分，提出四种教育改革类型。

一是目标与功能方面的改革：指教育改革着重在教育的社会经济环境目标与功能方面。这种改革的内容涉及对教育投资的改革、教育经济功能与效益方面的改革等。这方面的改革使学校教育的目标与功能同社会经济发展的关系密切。

二是组织与行政方面的改革：这种改革的重点在教育机构的组织和行政方面，包括管理、财政、决策、后勤等方面。由于这类改革属于教育目标与功能保障方面的改革，因此，在层次上比上一类型更具体了。

三是角色与角色关系方面的改革：这种改革的重点在角色的规定与相互关系方面，包括领导与群众的角色关系、教师与行政职工的角色关系、教师与学生的角色关系等。

四是课程方面的改革：这种改革的重点在课程的目标、内容、结构、评价、教科书编订、教学方法等方面。

教育改革分类研究与所依据的划分标准直接相关。依据什么样的划分标准，就有什么样的分类。[①]

二、教育改革的类型

从不同的角度、依据和标准划分，教育改革的类型是多种多样的，这里只作简要划分和概括分析。

（一）根据教育改革的范围和规模划分的教育改革类型

由此我们划分出两种类型的改革：宏观教育改革与微观教育改革。宏观教育改革主要指教育的长远的和全局性改革，例如教育制度的改革、全国高校招生与分配制度的改革、学制改革、学校教育结构的改革等。微观教育改革主要指教育的具体方面的改革，尤其是操作性方面的改革，例如教学方法的改革、教材的改革、教学组织形式的改革等。

宏观改革与微观改革是相辅相成的，宏观改革对微观改革具有制约作用，例如学制改革就制约着课程和教学方法的改革。同时，宏观改革离不开微观改革，要通过微观改革来具体实现。例如教育制度的改革是通过具体的各级各类学校内部的各种改革实现的。

---

① 朱永新，汤敏，周洪宇.教育改革进行时［M］.太原：山西教育出版社，2015.

（二）根据教育改革的目标的远近划分的教育改革类型

教育改革的目标有远、中、近之分，从而使教育改革有远期改革、中期改革、近期改革之别。关于远期、中期、近期的时间界限人们还没有公认的标准，它也是相对的。例如，如果说我们进行以实现社会主义教育的现代化为目标的改革，或以建设中国特色的社会主义现代化教育体系为目标的改革是远期改革的话，那么在这一改革中进行的素质教育、职业教育、人才教育结构合理化的改革就属于中期改革，而在这一中期改革中进行的某些课程教法等方面的改革就是近期改革了。

教育改革应是远期、中期、近期相结合的。有远期改革，就有对教育发展的长远的战略规划，使教育改革能面向未来，避免急功近利的短期行为；有中期改革，就能使教育长远的战略发展与近期的变革衔接起来，使教育改革有可望又可即的目标；有近期改革，就能使教育的变革与发展既有扎实的起点，又有长远发展的始发动力。一般来说，远期、中期、近期改革是协调一致的，但在具体实际的改革中，可能会出现一些特殊情况，因为教育是不断发展变化的并且受社会其他因素的制约。教育改革设计者和领导者应该从全局出发，发挥主观能动性，对远期、中期、近期的教育改革不断进行调控，使之协调一致，分期变革，确保达到最终目标。

（三）根据教育改革的对象划分的教育改革类型

以改革对象为依据标准，可以划分出许多改革类型，下面分述几种主要的类型。

1. 教育领导管理体制的改革

这类改革主要涉及领导组织的合理化、功能的优化、方式方法的科学化与民主化等。目前在我国，教育领导体制的改革主要采取了如下途径：实行党政分工，逐步实行校长负责制；领导与管理的民主化，发挥教职代会参政议政的功能和作用等。这一改革已在试行之中并逐渐显示出它的实力和前途。目前存在的问题是如何贯彻"党的领导"这一原则。比较一致的看法是实行党政分工、校长负责制并不意味着放弃中国共产党的领导，应该在校长负责制中加强中国共产党的方针、路线、政策的贯彻与实施并充分发挥中国共产党组织及党员的作用。

2. 高校招生分配制度的改革

全国高校统一的考试招生是一个很大的进步，但随着实践的发展，逐渐暴露出了问题。例如，缺乏对学生德育、美育的考查；用一次考试定终身的可靠性与可行性问题等。为了解决这些问题，近年高校招生制度又进行了一些改革。例如，强调日常成绩的考查和思想品德的考查并作为录取新生的参考条件之一，采取推荐与考试相结合等。分配制度的改革主要以打破国家分配的"铁饭碗"为主要内容，实行供需见面、双向选择等。

3. 学制改革

在我国,这种改革主要涉及精减和优化课程,开发学习的潜能,缩短学制,用较短的时间最有效地学习较多的知识,使学生获得最大的发展。

4. 教学方式方法的改革

这类改革比较普及。在方式上进行了以改变课堂教学组织形式,加强因材施教、个性教育和"第二课堂"活动为主要内容的改革;在方法上进行了以提高技术手段的科学化、现代化水平,培养探索精神和创造性,推行启发式和发现法为主要内容的改革。

5. 课程与教材改革

在我国,这类改革主要以实现课程的科学化、现代化、综合化、多样化,打破全国学生读一本书、用一本书的课程模式为目标和内容。所采取的途径和方略是逐步推行,分科进行改革试验,允许不同发展水平的地区编订适合自己政治、经济、科技文化发展需要的教材;在课程标准要求上采取因地制宜、灵活掌握,统一性与灵活性相结合的原则,逐步完成课程内容的更新,尽快反映新的科学技术成果等。

第二章 深化高等教育改革的思考

第一节 开展高等教育改革的原因和挑战

一、开展高等教育改革的原因

长期以来，我国高等教育的改革与发展呈现出某种"悖论"。理论上，现行体制有明显的弊端，高等教育的发展似乎很难持续；但事实上，在现行体制下，我国高等教育却保持了长期的高速发展，即便放在世界高等教育史上，也算是创造了不小的"奇迹"。这种现象类似于我国的经济改革。根据国外有些经济学家的看法，我国的经济体制和市场环境存在诸多缺陷，理论上，中国的经济可能随时都有"崩溃"的危险。但事实上，从20世纪70年代至今，我国的经济发展不但没有崩溃，还取得了举世瞩目的成就，成为世界第二大经济体。当前我国高等教育改革与发展中的这种"悖论"，一方面反映了改革价值观的冲突，另一方面也提醒我们注意既有成功背后可能存在的隐患，所谓"居安思危"。"可以想象，教育改革可能不再代表工业化国家，将它们的价值观、经济以及职业结构运用于其他社会。将来的教育改革可能包括更多和更激烈的争论，这些争论是关于哲学体系的而不是技术的，是关于意义的而不是简单地掌握知识的。"

对于高等教育改革，政府的逻辑倾向于加强外部控制，而大学的逻辑则倾向于增加学校自主权。这两种机制运作的空间相对独立，但最终会在某些特定问题上有所交集。所谓改革有时就意味着要在政府的控制与大学的自治间达成某种平衡或妥协。若政府的控制完全遮蔽了大学的自主会不利于高等教育发展。需要注意的是，实践中不同的政府、不同的大学传统、不同的控制方法、控制的不同程度，对于高等教育发展实践的影响是不一样的。高等教育的改革和发展，既不可能完全依赖大学的自然演化，也不可能完全依靠政府的理性规划，而是外部的计划与内部的演化彼此结合、相互促进的结果。

回顾近几十年来我国高等教育的改革，应该说，成就与问题并存。若从近期看，成就是主要的，但若从长远看，存在的问题也不容乐观。当前我国高等教育发展成就的取得，主要得益于中央政府和地方政府的持续加大投入以及重点建设，高等教育体制本身的优越性尚不明显。沿袭经济发展中省域竞争、县域竞争的改革逻辑，高等教育发展中围绕建设高等教育强国的战略目标，省（市）级政府大力推进建设高等教育强省（市），这对于深化我国高等教育改革和发展起到了至关重要的作用。多年来，在中央与省两级政府的主导下，我国高等教育改革一直倾向于加大投入和重点建设，偏好政治激励（行政级别）和财政激励。为了发展的需要，很多问题都被当成发展中的问题，认为随着高等教育的发展，问题自然而然会解决。《国家中长期教育改革和发展规划纲要》在"体制改革"部分虽提及"完善中国特色现代大学制度"，但其内涵仍主要是对现有体制合法性的再确认而非致力于对既有体制的变革或创新。

  对于我国来说，大学作为一种制度原本就是舶来品。外来的制度要适合本土的文化，剧烈的改造不可避免。有学者曾讨论了一个不断进化的"现代大学"观念对于塑造全世界高等教育制度的作用。他描述了这种认知图式如何受到美国现代大学形象的影响，这种特定高等教育形式在全球传播的过程中如何与当地文化、语言和关于"我们自己"大学系统的国家阐述发生冲突。高等教育发展中的国家模式和全球模式的力量对比，在各个国家的表现形式是有所不同的。那些本土学术传统不足的国家与那些拥有长期学术传统的国家相比，前者所承受的集中于单一的、"世界"大学模式的压力要更明显。经过一百多年的冲突和调适，当前我国高等教育体制"杂糅"了欧美、日本以及苏联的经验，逐渐形成"党委领导，校长负责，教授治学，民主管理，依法治校，社会参与"等一系列制度安排。近年来，为实现建设世界一流大学和基本建成高等教育强国的中长期规划目标，参照经济改革中建立现代企业制度的成功经验，政府也将"完善中国特色现代大学制度"作为国家中长期教育改革与发展的战略任务。值得注意的是，我国经济改革中现代企业制度的成功得益于市场经济体制的完善，而当前在我国高等教育领域依旧是指令性的计划管理，在计划体制的框架下，大学改革的制度空间逼仄。对于高等教育的发展而言，所谓的特色应是其本身发展过程所沉淀的一种文化而非人为赋予的某种口号或符号。对一个国家而言，建设世界一流大学和一流学科的主要标准应是"高水平"，只有在高水平的办学质量的基础上才有资格谈"特色"，而不能相反，直接把"特色"当成"高水平"的一部分，更不能本末倒置，直接将"特色"当成"高水平"。

  一个国家的高等教育体制从具体院校的运行中可以表现出来。基于体制本身的计划性，当前我国高校的学科、专业、课程设置、招生数量与标准、办学层次、学位授予、教师招聘与财政拨款等诸多重大事项多取决于政府的计划性安排或行政授权。虽然不同时期具体的高等教育政策会有所不同，但根本的体制特征依然不变。自1949年以来，我国高等教育的发展在体制上就强调重点建设和层级化。无论是早期的重点高校、重点学科建设，后来的"211工程""985工程"建设，还是当前正在推进的"双一流"建设，那种倾向于"评优"而非"去劣"的体制一直是驱动我国高等教育改革和发展的内在动力。

"教育是要为其他社会目的服务的,所以教育的理念亦将随那些社会目的的变化而变化。教育也是公共部门或政府职能部门的重要组成部分,因此教育的理念也会受到变化之中的关于政府职能的观点的影响。"在现有体制下,高校是政府下属的事业单位,人们自然倾向把高校的人才培养和科学研究作为强国的手段,受到政治意识形态关于政府职能的观点的影响,高等教育系统内对大学自治与学术自由的质疑已经超越国家主义和自由主义、政治论哲学和认识论哲学的分歧,相信政府主导的政策驱动的改革可以促进高等教育发展已经成为这种体制唯一的"遗传密码"并受到大学决策系统个人奖励系统与学术生态文化的共同驱动。"大学基因得到了连续复制,因为每一位员工退休或学生毕业,继任者总是前任通过同一个标准甄选出来的。其间的运作方式不单取决于个人偏好,还取决于嵌入在遗传密码的体制流程中……其遗传趋势太过强烈。在课程计划,招生标准、教授晋升方面表现出的体制基因是自私的,属于忠诚地复制,甚至不惜以大学福利为代价。"伴随既有体制的不断循环,通过政府与大学间正式与非正式的强化和"共谋",大学会不断地要求自己紧跟政府的政策导向,以避免错失改革和发展的机遇。①

二、开展高等教育改革面临的挑战

在早期,建立有中国特色的现代大学制度还被作为攻坚阶段我国高等教育体制改革的重点,但稍后,现代大学制度建设就直接被作为了高等教育体制改革的"继承与发展"。但事实上,现代大学制度建设与高等教育体制改革不在一个层面。体制是根本问题,制度是技术问题。根本的体制问题不解决,制度建设很难突破。当前我国高等教育体制的症结所在,就是计划在资源配置中起决定性作用。"高等教育缺少显性的经济收益,高等教育体制改革面临和经济体制改革不同的初始条件。高校是非营利机构,其资源投入主要依靠政府财政,不像企业那样受市场竞争机制的直接影响而面临亏损、倒闭等问题,同时高校声誉和品牌的变化需要一个长期的过程。这种情况使高等教育体制的垄断租金长期维持不变,弱化了政府的改革动机。"

自20世纪70年代以来,我们的经济体制虽然有了根本的变革,基本上实现了从计划经济向市场经济的转型,但教育的体制依然是计划性的。在计划体制下,政校间的界限较为模糊,大学与政府是行政隶属关系。经过长期的经营,当前的体制已接近于某种理性的优化,即相信体制会告诉我们一切。

近年来,得益于经济发展,政府对高等教育的资金投入不断加大,高等教育发展的成就也有目共睹,但暂时的成功有可能会掩盖政策的失误或改革的不力,以发展代改革甚至

---

① 朱丽.教育改革代价论[M].福州:福建教育出版社,2014.

会成为教育行政部门的思维定式。巨大的政治激励和财政投入可以显著改进高等教育发展的数量和质量指标，但无法从根本上改变我国高等教育治理体系和治理能力的现代化水平。"在改革的历史上，没有连续性，或是环环相扣的事件及制度。无论是预设的变迁或是正在计划中的改革，所有的案例对于社会计划都会有显著的修正，而这其中包含了我们无法预期到的发展与结果。"

在现有体制下，由于重点建设效应的存在，部分院校的发展或许会有质的突破，若干所大学和一批学科也有望在预定的时间进入世界一流大学和学科排行榜的行列，甚至是前列；但我国高等教育系统作为一个整体，由于缺乏高质量的体制安排作为制度保障，高等教育强国建设仍面临严峻挑战。"从教育的角度来看，要改革教育体系，需要很多努力，其中包括拿出最具感召力量的教育实践作为榜样示范，包括提供改革动力，也包括为了鼓励改革，推行变革而对旧体系的蔓延加以抑制"。与个别院校的校内改革不同，整个高等教育系统的改革难度更大。单个院校的成功或许可以仅仅依靠资金驱动或政策倾斜，但整个系统的改进则只有依靠解放思想和体制创新。当前我国高等教育体制改革裹足不前和思想的僵化不无关系。长期的计划体制使得既得利益格局逐渐固化，利益的固化使得新的思想观念很难进入政策议程。"在改革的过程中，重要的是排除'惰性观念'，恢复人类的丰富的思考力、感受性、判断力、创造力、表现力和道德"。在旧的体制化的观念里，改革经常被假定为对利益和权力的重新分配，改革者与被改革者总是相互对立。

但事实上，"重要的改变并不是权力和利益结构的变化，而是当权者将新的思想观念付诸实施。改革不是发生在既得利益者受挫的时候，而是发生在他们运用不同策略追求利益的时候，或者他们的利益被重新界定的时候"。高等教育改革同样如此。改革过程中，与利益和权力的重新分配相比，我们更加需要解放思想，以便于大学在体制上从"被改革"向"自主改革"转变。就像经济改革从计划体制到市场体制的转变不是削弱了政府的治理而是增强了国家的能力，高等教育改革从指令性的计划体制向自主办学、政校分开、去行政化的转变也只会增强国家的高等教育综合实力以及原始创新能力，而不会损害政府对高等教育的有效治理。

如道格拉斯所言："制度把个体记忆和我们的感知系统地引导到与它们所允许的关系相一致的结构中去。它们使本质上动态的过程凝固化并隐藏它们的影响，唤起我们的情感，使我们对标准化了的问题做出标准化的选择。作为对所有这些的补充，它们赋予其自身以正确性并把它们相互确证的链条散布到我们的各级信息系统。我们试图思考的任何问题都自动地转换成了它们自己的组织化问题。它们提供的解决方案只来自其经验的有限范围。"除人的体制化外，对体制变革的抵触还源于人自身的不安全感。既有体制下，有惯例可循，一切都是确定的。根据既有体制的逻辑，无论是政策的决策者还是执行者，对于应支持什么、反对什么、禁止什么、提倡什么，大多心中有数。一旦体制遭遇变革，不确定性必然会增加，所有人都将面对全新的制度环境，思维和行为方式都要重塑，不安全感会增加。其结果是，当新的制度或制度创新者不足以唤起足够多的支持时，对于体制变革的抗拒将不可避免，变革的失败也将是大概率事件。

"我们所知的一切关于政策变化过程和实施过程的东西都倾向于警示改革带来的冲击。以一种持续的、有目的的方式改变已经完全建成的体制是非常困难的事情，而改革的结果也并非总是那些赞成者或反对者所预期的。"由于维持现状符合绝大多数既得利益者的利益及改革的偏好，当前我国的高等教育体制高度稳定，几乎没有抗拒者或反抗者。实践中，当计划本身不足以满足高等教育改革的合法性时，政府巨大的政治激励和财务激励随时可以填补高等教育改革和发展之间因果链的空隙。高等教育改革过程中人们最关注的是，事情如何运作或如何才能运作得更理想，其预设的前提是，现存体制的目标及体制本身是恰当的、合理的，我们所需要做的只是使其更有效率，即通过融入一种理性的或意识形态的策略以使得现有体制更加完善。

当然，所谓计划性的弊端，只是就高等教育发展的一般规律而言；若就政府对高校的控制而言，则未必是弊端，反而是其优势。无论何时，改革的价值取向都与整个社会的核心价值观密切相关。计划的体制当然需要对高等教育实行计划管理。但若说我国高等教育改革不关注或不重视体制改革也是不对的。早在1985年，《中共中央关于教育体制改革的决定》就针对扩大高校办学自主权从体制层面给出了改革方案并进行了持续探索。1993年中共中央、国务院印发的《中国教育改革和发展纲要》又提出了要"逐步建立政府宏观管理、学校自主办学的体制"。再往后，1999年出台了《中共中央国务院关于深化教育改革，全面推进素质教育的决定》；2010年又发布了《国家中长期教育改革和发展规划纲要》。2010年8月，"国家教育体制改革领导小组"正式成立。为方便开展工作，教育部还设立了"综改司"，负责承担国家教育体制改革领导小组办公室的日常工作，承担统筹推进贯彻落实教育规划纲要有关工作，研究提出落实教育体制改革的重要方针、政策、措施的建议，承担组织推进重大教育改革的有关工作，监督检查教育体制改革试点进展情况，承担教育体制改革宣传工作。

2017年3月，经国务院同意，教育部、中央编办、国家发改委、财政部、人力资源和社会保障部联合印发《关于深化高等教育领域简政放权放管结合优化服务改革的若干意见》，旨在瞄准高等教育改革发展中的学科专业、编制、岗位、职称评审、薪酬分配、经费使用等方面的深层次问题，进一步向地方和高校放权，给高校松绑减负、简除烦苛，让学校拥有更大的办学自主权。2017年9月，中共中央办公厅、国务院办公厅又印发《关于深化教育体制机制改革的意见》，指出深化教育体制机制改革的主要目标是：到2020年，教育基础性制度体系基本建立，形成充满活力、富有效率、更加开放、有利于科学发展的教育体制机制，人民群众关心的教育热点难点问题进一步缓解，政府依法宏观管理、学校依法自主办学、社会有序参与、各方合力推进的格局更加完善，为发展具有中国特色、世界水平的现代教育提供制度支撑。

由此可见，在我国，政府对于高等教育体制改革的重视似乎是一贯的，成就也是巨大的。现在问题的关键在于，我们对高等教育体制改革似乎总是说得多，做得少；浅层变革多，深层变革少。由于"体制"本身的重要性被忽视，高质量的现代大学制度一直未能建立起来，有时反倒因为制度改革的合法性，导致人们对于体制改革本身多有批评。"在改革方案提出之前，似乎也主张各种弊病的根源皆在于制度，然而当提出制度改革时，却认为改革制度也无济于事。"实践中，现代大学制度建设不可能"单兵突进"，若没有更大范围的体制变革作为必要的配套，真正意义上的现代大学制度很难建立。现有体制下，大学与大学之间的竞争条款与评价标准由政府统一设置，大学能够做的就是根据政府的改革要求与政策导向，以制度创新的名义相互模仿并争取各自利益最大化。由于外部监控不到位以及大学自身自律性匮乏，任何一项良好的制度在被利用的同时，也会被滥用，而且越是良好的制度，其滥用时的危害就越大。此外，由于改革时机以及外部条件的不匹配，每一次制度变革不成功又会成为批评者的新"靶子"，进一步拉低了人们对下一次制度变革的预期。面向未来，除非我国高等教育体制改革真正落到实处。否则我国大学的制度建设或制度改革只能是围着"现代化"的概念"兜圈子"，而不可能在现代性的层面上有根本的突破。

第二节　高等教育改革进行的现状

一、高等教育改革的政策支持

现代社会中"改革"的含义非常宽泛，对于政府部门而言，尤其如此，任何一点改变都可以称之为"改革"。由于改革的频繁和泛化，现代社会逐渐养成了对于改革的依赖，我们时代也因之被称为改革的时代。教育领域同样如此。世界范围内，自20世纪80年代以来，"教育改革犹如'政策流行病'席卷全球。盘根错节的改革理念通常是不稳定和不平衡的，却具有不可遏止的态势；它在不同的社会和政治环境中，在不同的历史背景下，渗透并改变着不同的教育制度。虽然具体细节各有差别，但各国改革的总体效应却存在惊人的相似之处"。在高等教育领域从恢复高考开始，我国高等教育发展与改革始终相提并论、如影随形，没有改革就没有发展，甚至分不清哪些是改革哪些是发展。2010年国家开始制定各类中长期发展规划纲要，其中涉及教育的仍然是"改革和发展规划纲要"而不是通常的"发展规划纲要"。由此可见，在政府眼中"教育改革"之于"教育发展"的重要性。

但事实上，教育改革与发展之间的关系极为复杂，远非因果性那么简单。既不能以改革代替发展也不能以发展代替改革。一方面改革的目的是发展,不能为改革而改革。发展是目的,改革是手段。另一方面发展是发展,改革是改革,二者之间没有必然的因果关系。如果不是人为的破坏,从逻辑上讲,发展本身具有必然性和确定性,甚至是不可遏制的,而改革则具有偶然性和不确定性。"改革通常是混合体,它包容实现了的、部分实现的和没有实现的目标,期待的和不期待的影响,积极的和消极的结果。"人类社会的实践表明,没有改革也可能会取得发展,甚至还存在没有改革会发展得更好的可能。反之,不断地改革也未必就一定会促成更好的发展。"改革是重要的"只是一般性的说法,关键是为什么改革是重要的以及什么样的改革最为重要。高等教育实践中既要有创新精神和开拓意识,又必须警惕改革的诱惑和发展的幻觉。好的高等教育秩序必须在稳定性与创造性、保守主义与变革主义之间保持平衡。

按照教育部《关于2013年深化教育领域综合改革的意见》,当前我国的教育改革正在进入"深水区"、攻坚期,深化教育领域综合改革重点在深化,关键在综合。在我国,就整个改革事业而言,的确正在进入深水区,但就教育改革或高等教育改革而言,"深水区"的说法虽然形象,却可能不够准确。如果参照经济改革的标准,我国高等教育改革一直处在"浅水区",从未进入"深水区"。"现在提出的教育改革任务并没有真正触及学校教育的核心问题,没有触及学校内外诸多的既得利益集团,没有触及长期形成的教育管理体制的弊端。"《高等教育法》在高校办学自主权方面有所突破,但很多地方也仅仅止于文本,很难落实。2010年出台的《国家中长期教育改革和发展规划纲要(2010—2020年)》以及十八届三中全会通过的"全面改革六十条"通过顶层设计为高等教育改革指明了方向,但由于对现行大学制度的不足缺乏深入的理论反思,改革目标能否实现还尚未可知。如果到2020年我国高等教育实践中去行政化的改革目标无法完成,无法实现改革本身从"行政取向"向"学术取向"的转型,又哪里来的"深水区"?①

二、高等教育改革现存的不足

和任何事物一样,改革当然有难易之分。按照一般做法,改革总是先易后难,但是只要坚持改革,那些难的问题最终也总要去面对。就高等教育改革而言,表面上看,也有难易不同的阶段;但实质上,由于高等教育本身的复杂性和改革的不确定性,真正容易的改革并不存在。在高等教育系统中,看似简单的制度或行为通常有着复杂的知识背景,改革在短期内难见成效。相反,那些看似复杂的利益或权力纷争却可以通过行政手段快刀斩乱麻,改革通常立竿见影。简言之,高等教育系统中看似简单的改革可能并不简单,而看似复杂的问题实际上也可能并不复杂。"看起来简单但并非如此。看起来复杂的事物却不

---

① 王建华.重估高等教育改革[M].南京:南京师范大学出版社,2018.

太复杂。按照新的混沌科学：简单的系统产生出复杂的行为，复杂的系统产生出简单的行为。"

如果我们不能理解高等教育系统和大学组织的特殊性，改革过程中很容易把复杂的问题简单化（教育改革），把简单的问题复杂化（利益分配和权力下放）。当前媒体和学界一直在根据官方的口径"宣传"我国高等教育改革正在进入深水区，这在某种意义上就反映了我们对于高等教育改革本身的"不思"、对于高等教育系统特殊性的"不觉"。这种"不思"和"不觉"，使得高等教育改革经常沦为"为改革而改革"，而不是为了高等教育而改革、为了学生的发展而改革。严格来讲，高等教育改革任何时候都是复杂的，也都是困难的。简单的或容易的变化根本不能称为改革。虽然有官方的说明和学者的解释，但没有充分证据可以证明，当前的教育改革较之过去真的更复杂、更困难。无论哪个国家，高等教育改革都具有时代性，每一个时代的高等教育改革都有其特殊性。

与过去40年的改革不同，当前我国高等教育改革正处在一个承前启后的转型期。所谓转型期就意味着改革处在了十字路口，既有可能通过进一步的改革实现高等教育治理体系和治理能力的现代化，也有可能因为改革失败而退回到旧体制中。正如吴敬琏针对我国经济体制改革所指出的，"由于命令经济或称统制经济旧体制遗产的严重存在，现有的体制具有很强的过渡性质：它既包含新的市场经济的因素，又包含旧的统制经济的因素；既可以通过进一步改革进到较为完善的市场经济制度，又可能通过统制的强化，回到旧体制去"。经过40年的改革，当前我国的高等教育制度体系中既引进了一些现代化的因素，又带有浓厚的行政化和官本位的色彩。下一步的改革走向何方至关重要。

对于我国经济领域而言，没有改革就没有今天的发展成就。但这并不意味着政府的所有"改革"都是好的，都促进了我国经济的发展。在经济领域有时只要政府稍微退出或少一些不适当的干预，在市场这只无形之手的调节下经济自然而然就会实现增长或发展。相反，某些名义上的改革、实际上的权力寻租，可能不是促进了经济发展而是在制约着经济的发展。由于发展或增长的客观存在，政府经常以发展或增长本身作为改革的理由，为不断的改革寻求社会共识或正当性。"在欧美各国及日本，教育改革一方面成为社会改革的中心部分，试图通过改革教育来解决各种教育问题和社会问题；另一方面，教育改革又成为确保当时政府合理性的手段。产生了一种只要进行改革就会好转的幻想，而这种幻想又促进了改革的进行。"改革的结果赋予了改革本身的价值合理性，改革的工具合理性又导致了改革的结果。二者互为因果，相互强化。改革成就了发展，发展反过来又强化了对于改革的依赖。因此，有必要反思改革本身的合理性或正当性。

按马克斯·韦伯（Max Weber）的政治社会学理解框架，高等教育改革应有三个维度，即"政治"（polity）、"经济"（economy）和"价值"（value）。在"政治""经济"的维度之外，"价值"的维度要求高等教育改革绝不能止步于满足政治、经济的需要，甚至是高等教育系统本身的发展，而必须要落实到学生的发展上。如果通过改革只是增强了高等教育服务政治、经济、社会发展的能力,或高等教育系统本身实现了增长,比如规模扩大了、硬件改善了,仍不能够说高等教育改革取得了成功。高等教育的改革不能只是基于功利主义的考量,还必须有道德的含义。"教育改革如果不将促进所有学生的发展作为明确的最终目的,那是不可思议的。这样的所谓'教育改革',不是糊涂的改革,便是'反教育的'改革。与此同时,教育改革如果只是促进部分学生(不论是能力强的学生,还是能力一般的学生,抑或是能力弱的学生)的发展,而不能促进所有学生的发展,以至于实际上要以忽视、'牺牲'其他学生的发展空间为代价,则会成为畸形的改革,导致出现因改革而造成妨碍部分学生发展的问题。"高等教育改革必须要从高等教育育人的本质属性出发,为了高等教育中的学生的发展而改革,而不是为了方便政府的管理而改革,更不能为了通过高等教育来攫取更多的政治经济利益而改革。

欧内斯特·博耶(Ernest Boyer)在美国科学和艺术研究会的成立大会上发表了题为"学术的使命"的演讲。在这次演讲中,他深刻指出:"最令我不安的是,我们国家的高等教育事实上已经成为问题的一部分,而不是解决问题的答案的一部分。像这样进一步发展下去,高等教育就会只图个人的私利而不管社会的公益。越来越多的人把高等学校看成是学生获取文凭和教授获得职位的地方,所有的学术性工作与国家最急迫的公民、社会、经济和道德问题似乎都不相干。"当前我国高等教育的状况虽然与当时美国高等教育的情况有所不同,但值得注意的是,长期以来我国高等教育改革中功利主义取向同样非常明显,政治和经济维度上的考量远多于价值的维度。大学的历史和传统、学术职业的伦理和道德,要么被忽视,要么重视不够。经济上合理和政治上正确几乎垄断了高等教育改革的合法性来源。如果沿着这种逻辑继续改革下去,未来我们的高等教育将是危险的。

第三节 深化高等教育改革的目标

一、建设优秀大学效应

在中国的语境中,由于受到革新传统的影响,"教育"和"改革"的含义逐渐被改造。无论"教育"还是"改革"都高度地泛化或被"污染"。由于行政权力支配社会,所谓的"教育"可能是"宣传",也可能是"伪教育";所谓的"改革"可能是"革新",也可能是"伪改革"。当前之所以要重启高等教育改革,是因为改革出现了悖论,即改革的结果与改革的初衷相背离,高等教育改革不是为了高等的教育而是为改革而改革。改革有时变成了反改革。我们需要的可能正是我们所排斥的,我们所宣传的可能连我们自己都不相信。比如,我们需要世界一流大学,改革的目的也是建成世界一流大学,很多"985大学"

也大力宣传世界一流大学建设的成就,但真实的改革结果却不尽如人意。随着时间的推移,一些"985工程高校"在硬件设施和发表论文数量等方面迅速接近"世界一流大学";但是在杰出人才培养和学术创新方面,即便与一些非"世界一流大学"相比,其差距也未见有明显缩小的趋势。更令人担心的是,在巨大的物质利益诱惑面前,学术舞弊和科研成果造假之类的现象屡禁不止。重启高等教育改革就是要凝聚新的改革共识,澄清什么是真正的高等教育改革。真正的高等教育改革需要坚持高等教育自身的内在逻辑。

高等教育改革的出路绝不在于把更多的革新和改革引进高等教育系统。高等教育需要改革,但绝不是需要更多的或更新的改革,而是需要真的改革。当前对于我国高等教育系统中存在的问题,无论官方还是学界其实都有基本的共识,即我们的高等教育体制不改不行,高等教育体制改革刻不容缓。任何体制都是由人建立的,当然也要由人来完善或突破。既然决定了要改革,就证明僵化的体制总是要被突破,不是今天就是明天。20世纪70年代以来,我国在经济上实现了大国的崛起,但我国高等教育发展水平与中国在世界上的大国地位却极不相称。历史和实践表明,无论哪个国家,高等教育改革若想取得显著成效都不能仅满足于为政治服务或一味地适应经济社会的发展需要,大学自治与学术自由是指引高等教育健康发展的黄金法则。

近些年,围绕着现代大学制度建设、创建世界一流大学和建设高等教育强国,我国高等教育的改革表面上看轰轰烈烈,但却始终无法像奥尔森(Olson)所说的那样,通过所谓的"抖掉"策略,抛弃掉抑制并最终遏制学术创造力的那层坚硬而僵化的"外壳"。20世纪80年代以来,我国高等教育改革一直没有能够建立起高质量的制度框架。现代大学之所以为"现代"绝非一个时间概念而是一个品质性的概念。现代大学制度意味着一种高质量的大学制度或好的大学制度。由于官本位的框架和行政化的组织结构没有变动,在过度的经费支持下,低质量的制度安排在一次次改革中,为官僚的例行公事和权力寻租提供了便利。"表面上看,新的事件层出不穷。然而,这种表面的流变下却掩盖着最一成不变的常规。"由于政府本身既是高等教育改革的发起者、设计者、推动者,又是高等教育改革成果的评估者和认定者,随着改革目标越定越高,级别越分越细,改革本身也越来越功利。①

二、促进社会软环境

社会组织中级别的划分原本只局限于政府部门,后来在单位制下大学开始具有行政级别,20世纪90年代以来,"部级大学"的增多使得行政级别问题凸显。近年来,我国高等教育领域级别导向式的改革越来越多。大学里,几乎所有重要事项都被分成若干等

---

① 朱永新,陈浩,马陆亭.中国教育改革大系 高等教育卷[M].武汉:湖北教育出版社,2015.

级——校长有级别、教授有级别、人才有级别、学科有级别、课程有级别、课题有级别、论文有级别，甚至学生也有级别。中国社会无论对于大学的行政级别，还是对于教授分级以及其他人才项目或计划，总有人认为政府的相关改革是出于善意，是为了大学好。现在问题的关键是，那些以级别为导向的改革目的达到了吗？副部级的行政级别有提高大学校长和教育部的"议价能力"吗？有提高大学的办学水平吗？一级、二级教授的头衔有提高教授群体的"美誉度"吗？各种不同级别的人才计划有改善我国建设世界一流大学的软环境吗？答案恐怕都是否定的。大学的或学术的价值不是行政级别或其他任何级别可以衡量的，如果用行政级别来衡量大学只会低估大学的重要性。学术职业的重要性也不是那些人才头衔和教授等级能够衡量的，大量地增加学者头衔和强行分级除了增加教授之间的不满情绪，加剧学术的功利主义取向外，不会有任何好处。"如果在将来，政府将不再为人们所做的一切颁发这样的奖赏的话，那么，伸出手来要他们的人也就会日渐稀少。"

高等教育改革过程中过多的级别划分冲淡了大学的特殊性，缩短了学术职业和其他职业的距离。在行政级别的约束下，大学管理者的命运与那些在行政级别上高于他们的人紧密相连。"他们现在的奖惩和未来的提升都取决于上级领导。"由于有行政级别和单位制度作为桥梁，当前在我国政界与学界间还出现了"旋转门"现象。政府官员热衷于拿博士学位、当教授并指导博士研究生，而大学的教授则痴迷于追求行政职务和行政级别。大学的地位原本应由大学相互承认而不是由政府官员来裁决，教授的学术水平或社会地位原本由学术同行或大学来决定。未来我国的高等教育改革如果不能使大学与政府划清界限，如果连政府官员和大学的学者都不能真正地实现专业化，那么高等教育治理体系和治理能力的现代化就无从谈起。

长期以来，由于选优主义的价值取向和分级式的策略选择，加之政府的兜底，在我国现有体制下，"失败的改革"几乎成为一种矛盾的措辞。在政府的潜意识里，似乎改革本身就意味着成功，只会越改越好而不会越改越糟。当前我国高等教育的种种改革，无论是建设世界一流大学还是世界一流学科，多以在某种指标上数量的增长或排名的提高而告终。对于高等教育的发展而言，数量的变化并非不重要，规模的增长也并非不重要，但问题在于这种数量和规模的增长绝不能只是表面上有所改变而已。

我们知道，大学制度的质量是决定一个国家高等教育发展水平的关键，而政治状况和政治制度又决定了一个国家会有什么样的大学制度。在民族国家框架下，只有健康的国家才会有健康的高等教育系统。换言之，在我国，高等教育改革的限度来自政治体制改革。如果没有政治体制改革的推进，高等教育自身改革的瓶颈显而易见。未来如果集权式的高等教育管理体制没有根本性的变动，如果仍然只是不断完善中国特色的现代大学制度而没有能够真的实现高等教育治理体系和治理能力的现代化，即便依靠人才引进计划在我国大学里偶尔产生了几位杰出人才，甚至是出现了获得诺贝尔奖的成果，依然不能改变我国大学在世界一流大学群体中相对弱势的地位，依然不能证明我国已经成为世界高等教育强国。

阿西莫格鲁（Acemoglu）在探讨"怎样的制度安排可以使一国逐渐富强，而又使一国陷入贫困的陷阱而难以自拔"时提出了两个重要的概念：汲取性制度（Extractive System）和包容性制度（Inclusive System）。所谓汲取性制度，是指在这样政治经济等一系列制度安排下，一小部分人获得利益是通过攫取其余绝大部分人利益的方式来进行，而经济增长所带来的好处主要也被这样的一小撮人所占有；而包容性制度则与此相对，在包容性的制度环境下，人们获得利益主要是与自身的行为相对应，经济增长的益处将会遍及社会上绝大多数人。自20世纪70年代以来，我国高等教育改革的制度框架基本上是"汲取性"的，即通过重点建设换取局部成功（少数学校或学科排名的上升），但却掩盖了高等教育系统的整体性问题（原始创新乏力）。这种发展模式短期来看，也许是有效的，但如果从稍长一点的时间跨度来看，就会发现弊大于利。由于重点建设制度本身由政府设计并主导的"汲取性"的缺陷，高等教育领域的制度性寻租或权力寻租不可避免。某种意义上，重启高等教育改革的目的，也就是要避免由重点建设所造成"特殊利益集团"的尾大不掉和低水平大学制度的"被锁定"，通过建立一种包容性的制度框架和治理体系以实现高等教育系统的包容性发展。

第三章 深化高等教育改革的途径

第一节 优化顶层制度设计引领高等教育改革

一、顶层设计的提出

"顶层设计"（Top-Down Design）是源于西方国家自然科学或大型工程技术领域的一种设计理念，意指在工程设计中，统筹考虑项目各层次和各要素，追根溯源，统揽全局，在最高层次上寻求问题的解决之道。这里所说的"顶层设计"，意义有所延伸，是指对于一个大的事业，能站在一个战略制高点，从最高层开始，明晰目标、优选内容和确定路径，加强宏观指导，使所有层次和子系统都能围绕总目标，产生预期的整体效应和效益，实现稳定、健康和可持续发展。

"以更大决心和勇气全面推进各领域改革，更加重视改革顶层设计和总体规划，明确改革优先顺序和重点任务，深化综合配套改革试验，进一步调动各方面积极性，尊重群众首创精神，大力推进经济体制改革，积极稳妥推进政治体制改革，加快推进文化体制、社会体制改革，在重要领域和关键环节取得突破性进展"的提出说明"顶层设计"已经成为国家工作的重要指导原则。

教育领域的顶层设计，实质是从教育的国家利益和国家意志出发，对教育发展的总体目标、总体性质、各个层次、各个要素进行统筹设计，提出要求，落实路径，促使教育改革和发展目标的实现。近年来，"顶层设计"开始进入到高等教育理论领域里，在高等教育政策制定、高校人才培养和战略规划等方面得到广泛运用。在"优先发展，育人为本，改革创新，促进公平，提高质量"20字方针统领下，《国家中长期教育改革和发展规划纲要》（以下简称《规划纲要》）对我国教育事业的总体战略、发展任务、体制改革、保障措施四个方面进行了通盘考虑，形成了涵盖教育改革发展各个环节的战略体系，这是从国家层面对我国教育事业进行"顶层设计"的典型案例。

刘延东曾强调指出，贯彻落实《规划纲要》任务繁重复杂，必须加强顶层设计，全面规划部署，分步有序推进。她在全国教育工作会议上的讲话中强调要"科学谋划，注重整体设计"，指出"每项改革和发展任务都是一项系统工程，必须整体谋划和前瞻布局，这样才能事半功倍、少走弯路"。也就是说，在今后的教育事业发展中，必须加强顶层设计，统筹规划，保证各项工作的健康发展和目标实现。

二、教育保障制度顶层设计的内涵

"顶层设计"概念源于自然科学和工程领域，意思是针对某个具体项目，运用系统论方法，从高端向低端展开设计、构想、规划的一种理念。这一理念在我国第十二个五年规划的建议中第一次提出，自此这一理念赋予了政治和行政含义并被广泛使用到很多领域。"顶层设计"理念注入高等教育质量保障制度的规划中，其所强调的是根据教育发展的需求和规律，结合教育宗旨及使命，对教育保障制度从高层开始进行总体的构想和设计而形成的一种制度范式，这种制度的创新基于教育资源的重新整合、教育管理理念与思想的创新、教育管理模式的重新构想、教育功能的重新定位。高等教育教学质量保障制度的特征应从以下几个方面来理解。首先，顶层决定。顶层理念源于制度从高端向低端的设计，顶层决定基层，顶层的科学设计是这种制度最基本的要求。其次，纵横关联。顶层设计理念与核心思想虽然来自制度高端，但所有的设计发端于对制度的总体安排与考量，教育质量保障制度的各维度、管理级别的各层次、设计执行的各时间段之间形成纵横交错的关联性，任何一个环节都不能离开其他环节而单独存在。各要素紧密关联，相辅相成。最后，可执行。设计具有层次性，制度的顶层设计须立足现实，根据实际情况，目标明确，程序简捷，强调可执行性和可操作性。

教学质量保障制度的顶层设计，要从两个方面体现其精髓。第一，制度具有系统性。高校教学质量保障制度是一个完整的体系，在设计过程中应充分考虑学校、各学院、各科室之间的纵向管理，不同部门之间、不同学院之间的横向联系。每一制度的安排与执行都是自上而下，围绕核心目标有序展开。第二，制度具有完备性。教学质量保障制度的设计建立在高校教学目标诉求的基础上、理性规划学校要完成的目标与现有资源是否匹配的认识之上，通过实践性和逻辑性体现保障制度的完备性。近些年来，"顶层设计"在高等教育管理中受到了越来越多的重视，这种理念也对教育管理工作发挥了很大的作用。[①]

---

① 段晓莉.论高等教育教学质量保障制度的顶层设计［J］.中国成人教育，2015（23）：161-163.

三、高等教育教学质量保障制度顶层设计的依据

根据管理学相关理论，一个组织在进行目标管理时，会依据一定的原则进行设计，其中 SMART 理论就是一个很有效的工具，这个理论分别由 Specific、Measurable、Atainable、Relevant、Time-based 5 个单词的开头字母所构成，形成了一个完整的目标设计逻辑，在高等教育教学质量保障制度的顶层设计中，要结合这一理论依据，进行制度建设与创新。

（一）制度设计要明确具体

教育管理者在制定教学质量保障制度时，要用规范的方式表达教学质量要达到的标准。明确的目标是制度顺利实施的首要条件，管理者只有先把教学质量保障制度安排详细具体，实施者才能有的放矢，行为有所指，方向明确。比如为了保障教学质量，师资素质提升就是保障制度中的一个环节，教师得到怎样的提升才是师资队伍建设的成功指标？关于这一问题的制定就应该明确具体，例如教师一年内在核心期刊发表几篇文章，或者学生对教师教学水平的量化评分，都属于制度设计的具体指向。教育管理者在对教学保障制度进行设计时应注意目标设置要细分，有层次性，实施过程有步骤安排，衡量指标可量化，使制度的执行者和实施者能够清晰了解到自己所处的那个坐标内应该完成的任务和需要实现的目标。

（二）制度实施的效果要可量化

量化性原则是指目标的实现是否可以测量，即基于明确的目标，其实施效果是否可以用具体的手段进行衡量。量化管理建立在客观科学的数据基础上，是制度设计可参考的重要依据。在具体实施中，目标是否实现，或者何时实现可以用数据进行分析与判断，而不是依赖于主观评价。如果对某高校的学生素质是否提高，可以采取一定的量化指标进行衡量，那么，大学毕业生创业人数比往年增加的百分比就显然是一个衡量指标，可以在一定程度说明高校毕业生整体素质得到了明显的提升。在具体实施中，由于教育属于育人行为，不是每项指标都可以严格量化和测量，因此要遵循定量和定性分析相结合、制度的制定者和实施者衡量标准相一致的原则，使保障制度的实施得以顺利贯彻执行。

（三）制度执行要体现现实性

现实性：是指目标的制定尊重事实，可以通过上级管理者与下级执行者的共同努力完成目标。如果目标的制定不符合人性，或者是管理者一厢情愿的结果，就会给目标实现带来比较大的难度。教学质量保障制度的制定过程中，管理者要充分考虑现实条件，考虑执行者的具体情况，必要时要征求执行者的意见和建议，使目标制定得更加合理，确保制度

的顺利执行。整个制度的制定中,管理者要充分体现民主与人性化,对于拟定的制度目标展开足够的调查研究和研讨,通过增加执行者的参与度以提升他们的工作积极性。

(四)制度目标之间的关联性

目标的关联性是指管理者所制定的不同目标之间的相关度以及目标与现有资源之间的契合度。目标的关联性决定了目标实现的意义,不同目标以及目标与资源之间关联度越高,目标实现价值与意义越大,反之亦然。在教学质量保障制度的制定与设计过程中,要确保各项保障制度实施措施之间的联系、执行者的执行程序与目标保证内在一致性。同时,校园文化建设与教学质量提升之间也存在着很高的相关度,一个目标的实现对另外一个目标的实现有积极的促进作用。

(五)制度目标实现要有时限性

任何一个目标的实现都应该有时间规定性,否则目标的实现就会落空,一个没有期限的目标其价值是有限的。因此,教学质量保障制度的执行和教学目标的实现需要一个时间限制,教育管理者在制定教学质量保障制度过程中,可以按照月份、学期、学年进行设计,让执行者有计划地进行完成与实现。在具体制定中,制度的设计要根据目标的重要性排序进行,任务重、对工作影响大的目标应排在实施的前列;同时要设计完善的监督机制,对目标实施的过程进行有效跟踪与检查,以确保执行者的任务能够及时完成。

教学质量是高等教育的核心诉求,教育管理者只有科学、合理制定保障制度,才能确保教学质量的提升和教学目标的实现。

四、高等教育教学质量保障制度的顶层设计

(一)立足现实,确保高校教育资源的制度安排

高校的制度设计要立足现实,根据学校现有资源、利益相关者诉求、社区需求、专业设置进行顶层设计。所有目标的制定和制度安排都应建立在对现有资源的充分调查与深入了解的基础上。在分析学校教学资源时,应考虑资源的维度与层次性。从教学者角度来讲,教学资源包括师资结构和教师素质、教师爱岗敬业的价值观态度和教学智慧的实践能力。从学生角度分析,教学资源包括生源质量和学生学习能力、对学习的热情和创新能力。从管理者方面来看,教学资源包括管理者的理念、高校领导者对学校发展的规划能力、校园文化建设能力、各种资源整合能力和领导者的制度设计能力。此外,学校建筑及风格、学校设施及设备的先进性、各种教学数字资源、学校与社区之间的互动关系、政府和社会的帮助及关注等也是学校教学所需的有效资源。在众多教学资源中,有一些是重要

的，对教学质量起着决定性作用并决定着教育教学的发展方向，比如师资实力和管理者价值理念；也有一些起着比较次要的作用，但是在特定情况下也会转化为主要影响资源，因此，高校在对自身现有资源进行分类与制度设计时，既要考虑主要资源，也要重视那些有潜力的次要资源，以促进这些资源对教学的作用与功能发挥。

（二）回顾历史，促进教学体系设计的制度优化

高校教学资源是教学进行的必要条件，没有资源一切无从谈起。但仅仅具备了资源，没有教学制度和教学设计也是行不通的，因此，除了确保资源的供给，还需要进行实施制度的设计与完善。首先，校园文化建设。校园文化是大学价值理念和大学风气的集中体现，是大学精神的外在表现，高校应从管理者到教学实践者，统一办学价值理念，注重学校的各项文化活动对校园文化的影响，形成良好的文化传承途径，以保证学生成为全面发展的人，对他们进行创新能力的启发与培养。其次，教学管理体制的优化。高校要充分体现大学发展的优越性，实施科学管理和教学体制的创新。通过制度提高教师和学生的积极性，保障各相关制度的逻辑内在关系，提高教学管理能力。最后，教学系统制度化。高校管理者在制度的顶层设计过程中，根据学校发展目标，鼓励教师创新，通过人性化管理给教师教学以充分资源，让教师按照教学大纲设计课程的同时，兼顾教材的创新与知识结构的更新。互联网时代下，教学技术手段与教育发展形成互补，发挥技术在教育中所起作用的最大化，激励教师自我提升，给教师创造机会进行进修和学习，通过提升教师素质达到教学质量的提升。

（三）展望未来，探究教育教学发展的制度创新

现代化教学保障制度的顶层设计是高校教育教学质量提升的有力支撑与坚实后盾，制度创新是教学发展的生命力所在。首先，建立全面质量管理体系。高等教育是个系统工程，教育管理与制度设计也是一个完整的体系，任何环节的工作都离不开其他环节的支持，因此，高校教学保障制度的设计应有整体概念与联系性。教学制度设计不仅体现在教学环节，还包括教育的外部环境，包括获得国家政策的支持、社区的参与、家长的关注、社会的重视等。其次，建立以学生为本的教学理念。学生是教学的核心主体，现代教育者们已经一致认识到，教学已经从以学科为主体和以教师为主体的模式转向以学生为中心的教学模式，这种理念的转变大大促进了教育者们对于教学设计的思考，在这样的理念感染下，教师选择教材、进行课堂教学设计与进行社会实践时，能够从学生角度出发，根据学生的实际条件进行制度的执行与教学的安排，从而获得了良好的教学效果。最后，先进的教学评价制度。教学评价要体现及时性与可量化性，形成全方位和多层次评价体制，学校与学校之间通过资源共享与教师交流实践以达到教师的提升与资源的择优。同时在信息时代背景下，还应加强国内高校与国际名校之间的交流与合作，通过多种机制的运行与多种

管理模式的保障，推动我国高等教育教学质量的整体提升与有序发展。

五、民办高等教育政策顶层设计的策略

民办高等教育发展的"顶层设计"是一个复杂的系统工程，涉及各个方面的工作，在顶层设计中需要注意以下几个问题。

（一）科学论证，设定发展目标

发展目标是顶层设计的核心内容，它将规范和制约民办高校的发展性质、发展价值和发展空间。尽管"顶层设计"的字面含义是自高端开始的总体构想，但并不意味着"将一切问题推给顶层去设计"。"顶层设计"不是闭门造车，须有自上而下的权力推进和制度驱动，让各个利益相关方都参与进来，应该是充分吸纳公众参与、尊重民意、集中民智的民主过程。在民办高等教育发展的顶层设计中，要高度发挥"民办"的作用，集中举办者、管理者、所涉部门和社会各界的智慧，经过周密、详细论证，理顺各方面关系，凝聚各方面力量。现实中，民办高等教育发展的一些政策通常没有得到大部分民办高校的认同和响应，甚至激化了政府管理部门与民办高校之间的矛盾，根本原因就在于调查、研究不够，政策制定不透明，基层参与度欠缺。没有社会参与的顶层设计是欠科学的。很多决策表面上看似非常理性和科学，实际上脱离社会现实，不能反映民办高校发展现实的需求，应以长期战略思维，全面、系统、综合地确定我国民办高校发展的价值、性质、空间和目标任务，明晰发展思路、进程和路径。

（二）实事求是，确定发展方向

如果说目标着重于"量的概念"，那么，方向则是落实目标的具体路径。这里的方向主要是指要举办什么样的民办高等教育。是公益性的？还是营利性的？还是两者混合型的？如果是两者混合型的，那么具体比例如何规制？民办高校发展的方向，某种程度上决定着顶层设计的基本框架、实施路径、行动措施和发展策略。根据我国民办高等教育的历史发展阶段、文化传统，遵循与我国的教育制度改革方向一致的原则，"顶层设计"意味着政府要在未来的民办高等教育发展中真正担负起"舵手"的角色，主动担当，当好民办高等教育发展的"总设计师"。在整个高等教育转变发展方式、加强内涵建设、提高服务能力的背景下，我国民办高校也不能置身事外，不能沿着规模扩张、粗放发展的老路一意孤行，政府有责任做出决策，引导民办高校及时抓住机遇，转变方向，不断增强核心竞争力。

（三）统筹协调，着眼发展全局

顶层设计强调的是一项工程"整体理念"的具体化，就是说，要完成一项大工程，就要通过理念一致、功能协调、结构统一、资源共享、部件标准化等，从全局视角出发，对项目的各个层次、要素进行统筹考虑。民办高等教育的"顶层设计"，涉及国家许多部门、许多工作之间的协调。"顶层设计"的关键是制度层面的平衡。顶层设计总的特点是具有"设计的前瞻性""整体的明确性"和"具体的操作性"，既要考虑理念的先进性，也要关注可行性，以便于"按图施工"，避免部门之间各自为政造成"工程"实施过程的混乱无序。为了顺利实施顶层设计，需要建立专门的设计机构。从实践来看，成立由中央政府直接领导的民办高等教育政策领导协调机构，有利于从全局上把握发展的进程，以便强化决策机制，做好总体部署，对所涉及的各方面政策实施具体、统一的协调，使决策机制更加统一有力。

（四）突出重点，扫除发展障碍

顶层设计要在重点领域和关键环节有所突破，除了要在蓝图设计、制度平衡、政策协调性、战略性调整等方面取得实质性突破以外，一个基本的改革着力点就是要破除制约发展的体制机制障碍和解决社会的深层次矛盾。换句话说，就是要解决制约民办高等教育发展的"短板"问题，促进民办高等教育的健康和可持续发展。《规划纲要》中指出，要"依法落实民办学校、学生、教师与公办学校、学生、教师平等的法律地位，保障民办学校办学自主权。清理并纠正对民办学校的各类歧视政策，制定完善促进民办教育发展的优惠政策。对具备学士、硕士和博士学位授予单位条件的民办学校，按规定程序予以审批。建立完善民办学校教师社会保险制度"。这些问题既是民办高等教育发展中的短板问题，制约着民办高等教育的健康发展，同时又是制定民办高等教育发展政策中的重点问题。但《规划纲要》已经出台三年多了，仍然缺乏系统解决这些问题的具体实施政策。在实际的管理过程中，公办高校与民办高校之间享受着不同的政策待遇。在当下民办高校发展中，对产权制度、分类管理、发展空间、财政资助和办学自主权等方面反映比较突出，久悬未决，顶层设计中应该理顺关系，明确方向，重点突破，推进各项政策的落实，创设民办高等教育良好的发展环境，发挥民办高校在整个高等教育事业发展中的积极作用。

（五）研究路径，落实顶层设计

顶层设计的最终目的在于落实，再好的设计没有落实的路径都会成为空中楼阁。纵观我国民办高等教育发展的基本历程，存在着政策落实不到位、问题解决不彻底以及出现历史遗留问题的现象，转换一个角度分析，实际上存在着缺乏政策路径以及顶层政策没有落实到位的现象。例如，《中华人民共和国民办教育促进法》和一些政策制定之所以没有办法实施，关键在于没有考虑好实施的路径。在《中华人民共和国民办教育促进法》中明确规定："民办学校在扣除办学成本、预留发展基金以及按照国家有关规定提取其他的必需的费用后，出资人可以从办学结余中取得合理回报。取得合理回报的具体办法由国务院规定。"《中华人民共和国民办教育促进法》已经颁布实施10年，但是"国务院规定"一直没有出台，"合理回报"的法律规定也就成了一纸空文。这一悬而未决的问题，成了理论界一直讨论和关注的焦点，导致了在实际办学过程中，一些民办高校以"合理回报"为理由，出现了在经费管理上的不规范甚至违纪违法现象。类似情况在民办高等教育发展政策、规定和实施中并不少见，制定顶层设计政策应该对实施路径与对策进行通盘考虑与优化。因此，在顶层设计中，必须高度重视实践路径，分析相关要素，制定实施政策、细则甚至方案，确保顶层设计得到全面落实。

第二节　高校新型智库助力高等教育改革

智库是由各领域的专家组成的研究型团队，也被称为"智囊团"，可以为决策部门提供具有战略性的建议。智库可以为决策起到参谋作用，因此是推动社会发展的重要力量。在教育改革的推进中，国内高校出了相应的教育智库，对教育改革起到了推动作用。

一、教育新型智库推动高等教育改革的必要性

教育智库是当前深化教育改革的产物，实现了与时俱进，可以对教育改革起到推动作用。社会发展方式发生了很大的变化，因此教育需要结合时代的发展，把握新常态，明确发展方向，满足时代发展的新需求，明确发展使命。教育要有新定位，拥有新思维，采用新机制。因此智库要有新内容与新方法，实现新作为，符合社会的发展。高校教育智库具有人才丰富与学科齐全的优势，因此资源优势发挥可以对教育改革起到推动作用。高校教育智库要分析、研究教育改革的战略、规划、法规等多方面的内容。高校教育智库要为教育政策的实施提供具有价值的建议，要立足于高校的发展，突出高等教育的长远发展，要依据教育的发展规律加以合理规划。高校教育智库要发挥职能作用，推动教育改革的深化。

推动高等教育改革是教育智库的职能所在。依据国务院出台的《高等教育中长期发展纲要》，教育改革要保证规划的科学性与前瞻性。对于决策程序要保证规范化，教育政策在实施前需要多方面征求意见，借助咨询委员会完成改革措施的论证，以保证教育决策具有科学性。依据教育部2015年出台的《高校智库推进方案》，要求高校教育改革要发挥智库的作用，针对教育发展加以研究，以实现建言献策的作用。因此高校要注重教育智库

的建设，发挥资源优势，为教育改革提供配套的服务，以实现智库应有的作用。

另外，高等教育改革需要保证政策的适用性。从 20 世纪 70 年代后，高等教育原先采用精英路线，为了国家经济建设发展、培养了专业化人才，弥补了人才短缺现象。到 21 世纪后，高等教育办学方式发生了很大的变化，从原有的精英教育转变为大众教育。高等教育的发展模式有了很大的变化。因此导致了高校在快速发展，高校数量在快速增长，办学规模不断扩大。但是由于快速发展，高等教育的整体质量发生下滑。这也导致了高等教育改革进入到了攻坚期，由于改革包括多方面的内容，影响面大，存在很高的关联度，需要解决高等教育中存在的深层次矛盾，因此改革难度很大。许多问题涉及不同的部门职责，政策需要保证配套，需要调整不同方的利益，原有模式下的单项改革已难以保证效果。由于改革难度增大，需要发挥教育智库的作用。[1]

二、高等教育改革需要教育智库

（一）高校教育改革中智库具有前瞻性

任何改革措施如果要保证顺利实施，需要有清晰、明确的目标，对于高等教育改革来说，也需要有目标，以保证高等教育改革可以收到很好的效果。当前社会的发展速度在加快，因此相应的改革周期同步在缩短。在社会发展复杂性的背景下，高等教育如果要把握未来的发展趋势存在更大的困难，未来的发展增加了不确定性。而高等教育位于教育体系的顶部，不仅是传播知识的场所，也是推动科学技术发展的主力军。因此高等教育需要智库，以保证改革具有前瞻性。

（二）教育智库可以成为高等教育改革的参与者

在当前的社会发展中，公共事务的决策要保证科学性，还要体现出民主化，这也是社会进步的重要体现。当前的国内高校已超过了 2000 所。因此高等教育的影响面大，涉及的人数众多，高等教育在社会发展中的重要性更加突出。高等教育需要考虑到社会不同群体的利益，需要引起社会的共同关注。随着社会治理体系的发展，决策不能采用特权的方式，还要保证民主性。而智库由于具有先天的优势，可以为改革提供多方面的参考意见，智库的参与可以保证改革更有方向性。

（三）智库可以监控高等教育改革的进行

决策只是保证预期目标实现的基础，因此教育决策只是教育改革的起步，而为了保证政策目标可以实现，需要保证政策的执行效果。在教育改革的推进中，存在很大的难度。

---

[1] 赵磊. 我国高校智库建设现状及发展对策研究 [D]. 武汉：华中师范大学, 2017.

教育领域要实现改革需要突破许多障碍，因此这个过程充满了复杂性。教育改革的历史说明，改革难以达到预期的效果主要由于缺乏监控者，出台的政策难以保证落实。因此高校的教育改革需要有监督者，而智库具有这方面的先天条件，可以监督改革的过程，以保证改革的效果。

（四）智库可以评估高等教育改革的成果

改革的效果需要借助评估结果得以体现。教育改革出台政策后，政策的效果需要借助评估来体现。评估可以体现出改革是否达到了预期目标，体现出政策的利与弊，可以为后续的政策出台提供改进意见。在原有的模式下，对于改革的评价过于简单，选择的评价指标难以保证科学性，难以真实体现出改革的效果。而智库由于具有学术上的优势，智库参与评估，可以保证评估更具有科学性，可以基于专业视角发现改革存在的问题，因此可以对改革的发展起到推动作用。

三、高校智库发展回顾

2013年4月，习近平总书记对我国智库建设做出重要批示，提出建设"中国新型智库"的目标，指出将把智库发展作为国家软实力的重要组成部分。2013年11月12日，党的十八届三中全会审议通过了《中共中央关于全面深化改革若干重大问题的决定》，提出了"加强中国特色新型智库建设，建立健全决策咨询制度"的智库建设任务，掀起了中国特色新型智库建设的热潮。为了更好地推进中国特色新型智库建设，提高党和政府的科学决策能力，2014年2月10日教育部发布的《中国特色新型高校智库建设推进计划》对高校智库的功能定位、组织形式与发展方向等问题做了具体规定，指出"智库建设是高校服务社会的一个方面，是在高校建设的基础上生发出来的一种新型科研组织和功能，其本身也可以反哺和推动高校整体的发展"。因此，在我国社会转型的关键期，如何建设好高校智库，处理好高校智库建设中的各种问题，为中国共产党和政府的科学决策提供强大的理论支撑，是当前高校的重要课题。

四、建设高校新型智库的现状

随着国内经济社会的迅速发展，政府管理对决策咨询产生了大量需求，智库的发展促进了我国政治、经济、社会、科技、文化等方面的发展。但是在中国特色新型智库的建设中，高校智库也面临着一些困境。

(一) 发展定位不够清晰

目前，关于我国高校智库发展主要有两种理论。一种认为高校智库是依托政府设立的，其研究经费来源于政府，因此，其研究目的和研究内容均应服务于政府，为政府政策提供建议或解释。另一种认为，高校智库本身是独立于政府的，它有其独立的研究价值所在，不需要完全服从于政府的要求。事实上，上述两种观点都是片面的，高校智库与政府之间是既合作又相对独立的关系。政府是高校智库产品的需求者和消费者，同时也是智库获得政策研究所需要的基础数据和信息的主要渠道。

(二) 高校智库协同管理不足

从人员管理上看，高校智库一般没有固定的专职研究人员，大多都是高校各系部的专业教师作为智库的兼职人员。高校智库内部管理体制封闭，开放程度较低。高校各系部、各学科专任教师之间的协同力不足，区域各高校的研究资源上难以整合高校与政府部门的有效资源，难以开展政策咨询研究工作。从高校智库的研究经费来看，高校智库是直属于学校的独立学术组织，它的经费主要来源于各高校，对高校的依附性强。政府虽然有政策研究的需求，但因高校智库的研究成果的效力发挥不大，因此，对高校智库的经费投入也不是很大。

(三) 高校智库的效力发挥不足

高校智库虽然可以为政府提供专家知识、政策建议，而政府是需求者和消费者，但我国"思想市场"尚未成熟，高校智库与政府决策之间脱节严重，高校智库的研究成果脱离政府政策思想，不适应政府的发展需求，难以运用到具体的社会实践中。"高校智库的生命力在于其影响力，影响力是智库赖以生存的核心竞争力，而影响力的获得直接取决于研究成果的宣传推广。"高校智库影响力最直接的表现就是政府对研究成果的认同度。只有政府对智库的研究成果肯定了，那么它满足了政府的需求，发挥了其效能，社会各界对智库研究成果的需求才会越来越大，智库获得研究经费的渠道也就变得更宽了，这样，也有助于提高高校智库的影响力。

五、高等教育改革发挥智库作用的路径选择

(一) 保证政策的方向性

教育智库在基础理论研究方面具有优势，可以保证建议基于宏观视野，可以为高等教育改革的未来发展提供科学理性化的预测分析，因此有利于保证政策的方向性。因此教育智库可以发挥基础导向作用，保证高等教育改革的发展趋势。借助智库还有利于改革结合

我国的教育实际，保证教育改革的创新力度。因此教育智库需要扩大视野，扩宽思维路径，主动思考教育的未来走向，以保证研究样本具有参考作用，可以更好地发挥政策的引领作用。智库的研究要基于独立性，保证研究成果更具有创新性，要主动作为，保证资政报告的高水平，保证建议内容可以引起决策层的注意。当前高等教育改革要对制约问题实施破冰，针对热点与难点问题要有"破解"措施。

（二）协调改革的不同利益群体

高校教育智库涉及不同的利益群体，因此需要协调不同群体的利益。教育改革需要有相应的组织形式，需要有配套的管理体制。改革是推动教育发展的动力。教育智库提供的策略也要保证形式多样，组织形式要保证结构合理。教育智库针对改革管理要分析不同部门的职能，明确相应的职责，要依据权责对等的原则，实现不同利益群体可以保证属地管理与归口管理的效果，保证管理责任可以得到落实。教育智库的建议要保证建章立制的效果，要从立好规矩的角度出发，制定出清晰的管理措施，推动教育改革符合社会的发展趋势，在未来的教育改革中可以发挥改革方向瞭望者的重要作用。

（三）保证改革的效果

高等教育改革发展的出发点是要保证发展质量，改革要基于可持续发展，要有综合措施。原有模式下的高校智库产生的研究多趋于理想化，研究成果多采用文献的方式通过刊物发表。由于存在功利性的影响，研究成果难以保证实践性且难以被决策层所采纳。智库的本质是实现思想服务，为决策层提供咨询，因此高校教育智库要对现有的资源加以整合，保证研究领域的针对性，保证研究成果的实用性，争取在教育领域拥有更多的话语权。

高等教育改革需要涉及多方面的问题，因此需要统筹安排，科学推进。教育智库在人才资源与智力引导方面具有突出的优势，可以成为教育改革的推动力。高校要意识到教育智库的重要作用，意识到教育改革中需要借助教育智库的必要性与必然性，采取有效措施，注重路径选择，提升教育智库的价值，保证高等教育改革更有成效。

第三节　坚持多方协同治理推进高等教育改革

在我国高等教育大众化进程持续推进的背景下，高校的人才培养、科学研究与社会服务等各类办学活动日益呈现出对"外"开放、多方合作的态势，其核心目标无疑在于提升高校办学活动的质量与效益。高等教育作为一个有机系统，其质量的提升通常是整个系统良性运行乃至系统同外部环境良性互动的结果或表现。从高等教育系统内部而言，整个系统的运行应当符合教育的内在规律，理顺教育者、受教育者和教育措施等基本要素之间的关系，将高等教育机构的人才培养、科学研究、社会服务和文化传承创新等社会职能协调好，借此提高整个高等教育系统的运行效能，切实提升高等教育的整体质量。从高等教育外部环境看，高等教育质量的提升还在一定程度上取决于高等教育系统同外部环境之间的有效协同、良性互动。因此，高等教育在改革实践中还应当重视高等教育与社会环境的交流与互动层面，比如高等教育机构同政府主管部门之间的有效联动，高等教育机构同研究机构行业企业、中介组织等其他社会组织之间的合作以及高等教育机构同高等教育市场之间的和谐互动等。但长期以来，我国高校习惯上将培养人才看作是高等学校的职责和任务，相对忽视了高校在人才培养方面的"对外开放"与协同创新的战略，其结果是高校培养出来的人才通常会同社会、市场需求之间存在一定的"脱节"现象，造成高校毕业生的"结构性失业"风险，而且也不利于基于交流、竞争策略的人才培养质量提升。

提升高等教育质量，不仅应关注高等教育系统的内部优化，而且有必要重视高等教育系统同外部环境的交流、合作。而高校从其传统的产学研合作实践中探索出来的协同创新理念，不仅完全符合系统论的原理，而且恰好指向高校育人的"软肋"，可谓为高等教育质量的提升和高校的人才培养实践提供了一条新的路径。在此背景下，原本适用于高校对外科研合作的协同攻关、协力创新的协同创新策略，正在被引入高校的人才培养活动，进而形成一种新的高校人才培养方式——协同育人，即以协同创新理念为引领的多方协同育人。应当说，这种突破高校组织边界、鼓励高校同外部合作伙伴开展深度合作以寻求协同培养高质量、创新型人才的办学思路和改革举措，为高校提高人才培养的针对性和整体质量提供了全新的思路。以下，作者拟从协同创新的理念出发，针对高校同其他社会组织之间的协同育人实践所需的运行机制创新问题进行初步探讨。

一、基于协同创新理念对于高等教育改革的优势分析

协同创新（Collaborative Innovation）原本是现代企业为在激烈的市场竞争中取胜而采取的一种策略性举措，其具体表现形式多为组织（企业）内部形成的知识（思想、专业技能、技术）分享机制。这种组织策略扩展至组织边界以外的宏观层面时，就形成了以产学研合作为主要运作形式的协同创新模式。2012年3月，教育部、财政部联合颁发了《关于实施高等学校创新能力提升计划的意见》，启动实施"高等学校创新能力提升计划"。强调推进协同创新，是提升国家创新能力的重要手段和战略选择，是全面提高高等教育质量的重要着力点。其核心点和基本要求是，高校要围绕国家急需的战略性问题、科学技术尖端领域的前瞻性问题和涉及国计民生的重大公益性问题，集聚创新团队，形成创新氛围，巩固创新成果，培养创新人才。高校要充分汇聚现有创新力量和资源，加强顶层规划，做好设计选题和前期培育。通过选题培育，确定协同创新方向，选择协同创新模式，

组建协同创新体。特别要以协同创新模式为合作纽带，通过探索建立适应于不同需求、形式多样的协同创新模式，促进校校、校企、校地以及国际间的深度融合。以人才、学科、科研三位一体创新能力提升为核心任务，增强创新要素的有效集成，增强高校创新能力发展的导向性，增强投入与产出的效益。

将协同创新的理念运用于高等教育领域，其要义无疑在于打破高校封闭办学的组织惰性与不良倾向，鼓励高校加强同组织边界之外的政府部门、科研院所、行业企业、中介组织等其他社会组织之间的对话、交流与合作，一方面，通过这种对话与交流了解社会对高校所培养的人才的期待与需求并以此调适高校自身的教学、科研与社会服务活动；另一方面，通过各方之间的密切合作更顺畅地实现高校与其外部的资源、能量与信息交换，进而促进高校办学活动的良性运行与绩效提升，以实现高校人才培养质量及其适应性的整体性提高。

实际上，市场经济条件下高校所应坚持的"开门办学"，本身即意味着高校在办学过程中应当适时同外部环境之间进行常态化的对话、交流与互动，而协同创新不过是这种对话、交流与互动的特定形式罢了。国外的大学，尤其是美国的大学，在面向市场与社会开放办学的理念支持下，在同外部合作和社会服务中吸纳教育资源、关注社会需求、强化竞争意识、保持办学活力，几乎成为当下全球大学效仿的榜样。就此而论，以协同创新的理念为引领，将协同创新的策略应用于高校的人才培养领域，可谓是开创高等院校和外部合作伙伴之间的协同育人模式。这种协同育人的模式更有利于贴近、把握和响应外部的人才需求，更有利于发挥各协同方的独特优势来促进高等教育质量和高校人才培养质量的提升，应当成为高校人才培养模式改革与创新的试验内容之一。①

二、高校多方协同育人模式的主要内涵

随着经济社会发展步伐的加快，现代社会对人才的需求越来越从过去的单一技能型人才转向为对复合型、高素质乃至创新型人才的需求，这对作为高层次人才培养基地的高等学校提出了直接的挑战。但从高校的内部组织结构、人才培养模式、教师知识结构等基础能力以及其作为制度化组织所特有的组织稳定性与对变革压力的"顽固性"来看，要想让高校从其长期形成的"专业型人才"培养模式转变为"复合型人才"培养模式，显然难以于短期内"一蹴而就"。在这种情形下，通过高校与科研院所、行业企业等其他社会组织的对接、协同和相互融合，使各类社会组织的独特知识（如思想、专业技能、技术等）能发生跨组织边界的分享，无疑有助于复合型人才的培养。因此，根据协同创新的特点与内涵，高校协同育人，本质上是由各协同创新主体（高校、企业与科研院所、地方等）共同

---

① 刘乾，田会峰，郑艳芳.协同育人模式下的大学生创新能力的培养[J].教育现代化，2018，5（46）：82-83.

参与高校人才培养活动的开放式人才培养模式。这样一种培养模式的主要特点与内涵包括以下几方面：

一是培养模式的顶层设计。近年来各高校都普遍完善了大学章程，逐步构建起多元共治的大学治理模式，不同大学的章程虽然在大学"外部人"参与大学治理的体制与机制上有所不同，例如，有的是以学校董事会形式，有的是以校务委员会形式，还有的是以学校战略咨询委员会形式，但共同特点是多元治理。"外部人"直接参与大学办学目标、发展规划、基本政策与制度等制定，大学教育、科研、人才培养模式等方面的决策，大学与外部关系的构建等，这就为高校协同育人培育模式的顶层设计提供了制度基础与保障。而协同创新体的建立则进一步推动科研单位、企业以及政府等各类主体从人才需求方的视角，深度参与大学人才培养模式的设计，使大学人才培养模式更加契合市场需求，满足用人单位的实际要求，实现以需求为导向的人才产出。

二是形成企业以及科研院所、地方等参与大学人才培养活动的规范化机制。相对于擅长理论知识教育的高等学校，科研院所能给学生提供更充分、更系统的科研训练，而企业则能为学生提供更贴近于生产实践和市场竞争的实训机会；在对教育具有重要熏陶影响的组织文化方面，相较于高校略显保守的"学院气质"，科研院所（目前大多已转制为企业）"追求创新、追求卓越"的组织氛围更加浓厚，而企业组织在市场压力下催生的"效率意识、务实精神"亦更为突出。在顶层设计基础上，协同育人培养模式要真正付诸实施，必须构建常态化机制，即在人才培养方案的制定环节，落实多方参与、协商一致的培养方案设计机制；在人才培养的实施过程中，通过各方科学家、工程技术人员、大学教师等相互流动，落实各方分工负责、彼此相互配合的多方协同、共同参与人才培养的机制；在人才培养的全过程中，还应当建立科研院所和企业等参与主体的利益补偿机制和动态激励机制。

三是协同创新活动与协同育人融为一体。以高校与科研院所以及企业等协同创新主体共同承担研究项目，提升高校教师的研究能力，获得市场导向研发思路启发与面向实践的研究能力提升，从而有助于提高教师的教学水平（以研究促教学）并适当引入类似高职院校所强调的"双师型"教师发展方向。而高校学生特别是本科高年级学生和博、硕研究生直接加入科研单位的学术研究活动与企业的技术研发流程，则提高学生解决实际问题的能力，从而提高人才培养质量。有鉴于此，本着协同创新的思维，高校在特定类型、规格的人才培养过程中，大力开展同科研院所、行业企业之间的联合培养，以充分发挥协同创新其他主体在人才培养方面的比较优势，既培养学生相对厚实的理论素养，又使其接受充分的科研训练，甚至密切接触生产实践一线，以期将其锻造成厚基础、宽口径的复合型人才或创新型人才。

四是共同构建协同育人的创新、创业平台。在协同创新的大平台下，推动校所、校企、校地以及国际间的深度融合和创新要素的有效集成。围绕大型仪器设备资源共享科技项目攻关以及高端人才培养，利用科研机构在项目、技术、人才、设备、信息等方面的优势，利用企业市场资源、产品研发等方面的优势，通过共建技术研发中心、实验室、研究院、学生创业基地等，形成多种类型的创新、创业平台，为产学研的紧密结合协同育人培养模式的实施奠定基础。

三、着眼于质量与效能的多方协同模式保障机制构建

如前所论，基于协同创新理念的高校协同育人模式，既是高校人才培养模式改革的可行路径之一，亦是提升高等教育质量的可行策略之一。在实践中，若要借助协同创新的路径达到全面提升高校人才培养质量目标的话，显然必须通过相应的运行机制创新打通直接或间接影响人才培养质量之"关节"处的"经络"，使高校外部的资源、能量与信息能顺利进入高校内部并促进其内部结构关系、运行状态与转换能力的改进和提升。如此，结合我国高校办学和运行的实际，除通过高等教育机构与政府管理部门之间的对话与博弈实现政府高等教育行政职能模式由"包揽控制型"向"监督保障型"的转变，使高校真正摆脱对政府部门的依附关系并尽快实现独立自主办学之外，还应当注意汇集各协同主体的共同努力，着力展开以下机制创新的建设性行动，以实现协同创新基础上的高等教育质量提升目标。

（一）综合化的高校人才培养质量评价、监测与控制机制

科学、全面地认识高校人才培养质量的确切内涵，据以开展常态化、制度化的高校人才培养质量评价、监测和控制，是提升高校人才培养质量的基础性工作和重要制度保障。但出于高校人才培养质量问题本身的复杂性，尽管目前以培养对象本身（即受教育者）的质量为核心的高校人才培养质量观已基本达成共识，但如何评价受教育者的质量仍是一个相当抽象、主观性的问题，这一质量维度难以直接付诸评价、监测等具体操作。从我国高等教育质量评价和监控的实际而言，高校自身似乎缺乏自我评价、主动监测的动力与热情（组织惰性使然），政府主管部门组织的相关评鉴工作通常又因其行政化的操作模式而饱受非议，某些研究机构所推出的诸如大学排名等包含高校教育质量评价在内的研究成果则通常缺乏公信力，这种状况使我国的高校人才培养质量评价与监控工作陷入某种进退两难的尴尬境地。

有鉴于此，学习国外高等教育质量评估与监控的先进理念与成功做法，探索评价主体、评价对象、评价标准多元化的高校人才培养质量评估新模式，则不失为一种可资尝试的新路径。在这方面，协同创新的理念也给我们提供了某些有益的启示。例如，能否在政府主管部门的支持下，积极吸纳科研院所、企事业单位等高等教育服务的"消费者（单位）"参加，通过知名、权威的第三方中介组织（如开展高等教育质量评价研究的研究机

构）牵头，高校主动积极配合，探索出一种评价主体包含高等教育服务提供方、高等教育服务消费方、独立第三方，评价对象包括人才培养质量的多个维度（这一核心教育质量又当包含受教育者的知识技能学习与交往能力、情感与价值观、动手能力与创造性等多维指标），评价标准包含受教育者成长质量标准与综合素质标准等多元标准，评价手段包括受教育者抽样测试、学校教育教学工作实地考察等多种手段的综合化高校人才培养质量评估模式。若实践证明，这种多方参与的综合化评估模式具有一定的科学性与可操作性，则不妨在后续更大范围的试验中不断完善之，最后再将其推广之，形成一种更科学合理的高校人才培养质量评估模式并据此开展相应的高等教育质量监测与控制工作。

（二）跨越高校组织边界的优质教育资源共享机制

高等教育是一项社会公益事业，但其举办却需要相当的资源投入。我国是典型的"穷国办大教育"，庞大的高等教育系统完全依赖于国家的财政投入是不切实际的。在这种现实条件下，高校（尤其是数量众多的地方高校）无疑会面临着教育资源不足的发展瓶颈，寻求同外部伙伴单位深度合作、实现组织内外部资源共享自然就成为各高校的一种务实、稳妥的选择。而协同创新则为这种优质教育资源的跨组织边界共享提供了新的组织模式和实现路径。例如，围绕特定的经济社会需求、人才培养计划和科学研究项目（科学研究甚至包括社会服务亦是人才培养的重要方式之一，尤其是在研究生培养方面），高校可以放手同其他高等学校、科研院所、行业企业、地方政府甚至国际社会开展"以我为主，互惠互利"的深度合作。这种深度合作，不仅可以有效解决高校自身可能存在的办学资源不足问题，使自身承担的人才培养、科学研究或社会服务项目能顺利完成，而且可以让高校在同"各有其长"的合作伙伴"共事"的过程中近距离地学习对方在项目组织、团队协作、科技攻关、管理制度、知识创新等方面的长处。更重要的是，通过这种项目牵引，有助于高校同外部合作伙伴之间形成长期稳定的合作关系，进而便捷地共享对方的优质人力资源、科技创新平台、知识产权成果和组织管理经验。当这些共享到的有形资源（如优质师资、设备设施等）或无形资源（如知识、信息等）被投入到高校的教育教学活动中，自然能助益于学校人才培养质量的提升。

需要指出的是，从字面上讲，资源共享机制的目的似乎是为实现优质教育资源的共享，但实际上更重要的却在于这些共享资源如何被充分地利用。共享不过是着眼于解决高校在办学过程中所面临的优质教育资源的不足问题，它不过是手段，而对资源的充分利用才是真正的目的和归宿。因此，深度的资源共享是指合作伙伴单位的优质资源能切实为高校的教育教学、科学研究和社会服务所用，能充分发挥所共享到的优质资源的实际效用，尤其是对人才培养的实际效用。资源共享机制应当以此为出发点来规划、设计和落实。有鉴于此，高校在对外合作、资源共享的过程中，应自觉杜绝那种形式主义的、"充门面"式的乃至弄虚作假的"表面文章"，而应切实将自身能共享到的优质资源全面运用于学校的教育教学、科学研究和社会服务中，充分发挥这些优质资源在人才培养和科学研究中的实际效用，而非将其"序列"进某些宣传材料或申报材料中"粉饰门庭"，以达到某些狭隘的"特定目的"。

（三）多元化的高校筹资机制和财务监管机制

在协同育人的实践中，合作伙伴之间的资源共享固然能在一定程度上缓解高校所面临的办学资源不足困境，但高校的办学活动归根结底仍然是要依靠自身所筹措到的资源来支撑。因此，在协同育人的过程中，高校如何基于协同的思维实现筹资机制和财务监管（其目的是使高校相对有限的办学资源实现资源利用效率的最大化）机制的创新，也是一个间接影响高校人才培养活动与质量的问题。有鉴于此，以深入开展协同育人为契机，高校应大胆地探索多元化的筹资机制。

目前，高校的办学资金主要依靠政府财政拨款、学生学费和其他自营收入，少数高水平研究型大学则有相对较多的科研经费收入。但若同西方大学横向比较的话，国内大学资金筹措的"多元化"特征仍不够突出，对政府财政拨款和学生学费的依赖程度仍相对较大。

（四）高校的教学、科研与社会服务融合机制

从本义来讲，协同创新策略主要着眼的是高校的科学研究职能，尽管高水平的科学研究也能促进高校的人才培养和社会服务，进而提高高校的整体教育质量，但必须强调的是，无论是协同创新策略对高校科学研究的促进，还是科学研究对学校整体教育质量的支撑，都是有条件的。尤其是高水平的科学研究要切实助益于学校整体教育质量（尤其是人才培养质量）的提升，恐怕必须仰赖于教学、科研与社会服务有机融合的机制创新。

当下，在国内的研究型甚至教学研究型大学内部，普遍地弥漫着一种"重科研、轻教学"的氛围。最好的师资、实验室，最大比例的经费，甚至最优惠的内部政策，都悉数优先向科研倾斜，向特色学科和优势学科倾斜，以致博士生难得见到导师的面，知名教授几乎不会给本科生上课。试想，在这种制度导向和组织氛围下，即便高校通过协同创新实现了本校科研水平的明显提升，但就一定会助益于学校人才培养质量的提高吗？显然，要想通过协同创新提升高校的科研水平，进而以高水平的科学研究支撑学校的整体人才培养质量，就必须努力在办学实践中将"教学、科研合一"的理念落到实处，并形成相应的制度保障。

在教学、科研与社会服务融合的机制问题上，高校首先必须深刻认识到人才培养是高校的根本任务，人才培养质量是高等教育质量的核心内容，高校的科学研究和社会服务职能必须同人才培养紧密联系起来，而不是脱离开来；高校在资源配置和制度导向上必须坚持以人才培养为重心，兼顾科学研究和社会服务（当然，也应当宽容少数高水平研究型大

学在这个问题上的"适度特殊化")。其次,应当努力实现上述理念的制度化,从规章制度上明确教师"教书育人"的核心责任和从事研究、开展服务的本职工作,从教师工作任务配置、教师工作业绩考核、教育教学经费分配、教职工工资收入分配、学校组织文化建设等环节将"教学、科研合一""以学生为中心"的办学理念予以制度固化并以此引导教职员工的行为和价值观。最后,在实际办学活动中,学校必须切实引导学生参与科学研究和社会服务,引导教师将科学研究的方式方法与知识成果引介到教学中,将社会服务过程中的知识、经验传递给学生,让高校的科学研究与社会服务最终落脚于教育教学,落脚于学生综合素质的提高。如此,高校的三大社会职能方不会偏废,学校的整体教育质量,尤其是人才培养质量方才会有保障。

(五)开放化的高校管理团队优化配置机制

教育的本质是人与人之间的对话、交流与学习。在高校里,不仅"教书"能"育人",而且管理、服务都具有"育人"功能。时下人们对某些高校的调侃——"一流的学生,二流的教师,三流的管理,四流的校领导",似乎在提请教育者们注意这样一个问题:高校的管理团队与学校教育质量之间的关系。显然,这绝不是一个伪命题!

既然如此,要切实提升高校人才培养质量,除借助协同创新路径共享合作伙伴单位的优质师资等核心资源外,是否同样需要藉此路径优化高校的管理团队呢?事实上,每当我们艳羡国外一流大学的强大师资队伍时,我们还应当深刻认识到:国外知名大学还有杰出的校长和一流的管理人员。因此,在以协同创新的思维考察高校教育质量的提升问题时,自当有必要基于同样的理路来完善高校管理团队的配置。于此,作者所主张的开放化的高校管理团队优化配置机制,其用意也就不难明了。简言之,这种高校管理团队优化配置机制,就是希望突破高等教育系统的组织边界,在全社会的范围内,本着"专业主义"的基本路向,通过公开遴选、择优取用的竞争方式来为高校的管理岗位挑选、配置最适切的人选,让真正的教育家来掌舵高校的发展,让名副其实的各类专业管理人才进入到高校来打造一流的学校内部管理,进而为全校的师生提供最优良的服务,最终实现让学校的教育与学术生产力获得最大限度发挥的终极目标。协同创新的思维与策略,其精髓不仅在于优质资源的跨组织共享,更在于一种开放的思维、包容的胸襟和创新的理念。这些对于当下高校领导与管理层的更新与优化而言,无疑是一种难得的思想资源。

第四章 深化高等教育教学改革的多视角分析

第一节 交叉学科建设与拔尖创新人才培养

高校如何培养拔尖创新人才已经逐渐成为国人关注的焦点并且已经成为我国政府着力推进高等教育改革的政策取向。实践中,拔尖创新型人才培养是一项系统工程,涉及教育理念、培养目标、培养过程、教学管理和考核评价等诸多要素的协同改革,但归根结底人才培养是通过学科进行的,学科是高校进行科学研究、人才培养的基本单元,学科建设成效或早或晚、或直接或间接都要通过人才培养得以体现。因此,当前有必要重新审视学科建设与人才培养的关系,特别是要重点推进交叉学科建设,培养拔尖创新型人才。这里涉及两个方面的内容,即"交叉学科建设"与"拔尖创新人才培养",但讨论的问题主要集中在二者之间的关联以及如何通过交叉学科建设推进拔尖创新人才的培养。

一、交叉学科建设与拔尖创新人才培养的相关性

从逻辑上讲,要培养拔尖创新人才,首先要弄清楚何谓拔尖创新人才。但就这个概念本身而言,也是众说纷纭,见仁见智,这主要是因为人们理解拔尖创新人才的视角不同,不同的视角导致人们对拔尖创新人才内涵的不同理解。尽管如此,我们还是可以发现拔尖创新人才所具有的最基本的共性特征:一是有宽阔的学术视野;二是具备创新性的思维品质。其中,宽阔的学术视野是创新性思维品质形成的基础,没有宽阔的学术视野,创新性思维品质的形成就无从谈起。但这并不是说,二者是可以画等号、合二为一的。相对而言,宽阔的学术视野和跨学科知识是第一位的,是拔尖创新人才所必须具备的最基本素质。有学者通过对466位诺贝尔奖得主的知识背景的考察发现,绝大多数诺贝尔奖得主拥有广泛的兴趣爱好、良好的哲学与人文修养和既专又博的科学知识结构。"知识背景交叉成为科学家打破习惯思维、扩大创新思维广度、取得原创性成果的源泉",尤其是从20世纪以来,"学科知识的交叉与融合,既孕育了精彩纷呈的原创性成果,又造就了善于打

破学科壁垒、把不同学科理论与方法有机融合的创新性人才"。这反映了现代科学发展的趋势和人才成长的基本规律。在近代科学时期，自然科学注重精确的实验，建立严密的逻辑体系，科学开始逐渐分化为精细的专门学科，但与此同时这种分化脱离了对自然界综合的抽象，难以真正认识自然现象的全部内在联系。

在现代科学时期，科学的发展把分化与综合紧密地联系起来，把人为分解的各个环节重新整合了起来。在这种背景下，科学研究突破了单一学科认识世界的局限，交叉学科研究或跨学科研究逐渐成为认识世界的主流范式，以至于"研究与学术成果在'前沿领域'与'尖端领域'的突破，通常认为要涉及不同的学科；现代学术问题、社会问题、技术问题、经济问题的复杂性，要求综合的方法与技术合作"。现代科学技术发展的成就也表明，许多原创性成果大多产生于交叉学科或跨学科领域，很自然，许多在学术上做出突出贡献的学者都具有多学科的知识背景，这也就是在交叉学科领域容易产生创新人才的主要原因。

那么，如何培养这样的创新人才？或者说，要培养具有多学科知识素质的创新人才，高校要进行什么样的变革？现代高校不仅进行知识创新和学科建设，而且要用科学研究和学科建设的新成果、新方法培养人才，继而通过培养的人才进一步推动知识创新与学科发展。因此，科学研究、学科建设与人才培养是一体的，人才培养必须通过科学研究或学科建设来进行，跨学科、复合型的创新人才必须通过交叉学科或跨学科来培养。现代高校学科众多，大师云集，适宜进行学科交叉研究和跨学科人才培养。同时，受经济社会发展对科技创新的需求拉力、学科自身发展的内在逻辑张力的驱动，要求高校降低学科围墙，打破不同领域之间的体制性壁垒。事实上，在知识经济社会，"交叉学科已经成为知识生产过程的一部分，而不是单一学科的外围事件，教与学、研究与学术以及服务工作，不再简单的是学科内部或学科外部的问题，学科交叉既在学科之内，也在学科之外"。一般来说，交叉学科主要是源于问题研究的需要和学者的学术研究兴趣，进而使不同学科或学科专家聚拢在一起，来研究相对于单一学科来说更为复杂的问题，学科之间经过不断的推拉与牵扯，逐渐形成了相对独立的专业化领域和新的知识生产范式；随着交叉学科的渐趋成熟，在传统学科之外，也逐渐分化出了人才培养的新专业，从培养目标而言，这些新专业大多要求知识结构的混合型特征。

学科交叉活动涉及不同学科之间的合作以及组织结构上的变革，所以在高校组织内部，有相当数量的学科交叉活动是以隐性的形式进行的，包括学者之间基于问题研究的自愿合作、基于共同利益的小组协作，这些组织大多属于非正式的团体，没有固定的组织机构，是一种自发的并持续潜在进行的新知识的生产方式。但随着跨学科活动的日益频繁，越来越多的学科交叉活动、学术创新性成就发生在更具有学科交叉意识的学院、项目基地、研究中心、实验室等资源交汇的地方，开始建立专门的交叉学科研究机构，这些机构不仅成为知识创新中心，而且逐渐具备了交叉课程开设和交叉学科教育的功能。在美国，交叉学科教育一直是随着交叉学科研究的发展而发展的。最初，交叉学科教育课程仅仅是通识课程的一部分，随着交叉学科研究的进展，一些高校陆续开始开设交叉学科课程，建立多学科研究小组，为学生和教师提供交叉学科研究机会。

从20世纪70年代末至今，美国交叉学科教育进入了自我成长的过程，交叉学科教育的理论、方法、课程与管理方面的研究开始兴起并逐渐成为现代高等教育改革的重要主题。可以说，推动交叉学科教育发展的影响因素是多方面的，其中知识整合的理念与实践以及多学科融合的知识生产方式是最主要的驱动力，与此相适应，高校也必须打破传统的单科教育模式，给予学生更为全面的教育。从根本意义上来说，"交叉学科教育的核心是知识的整合，其过程是各个学科的相互作用，其目标是培养学生解决复杂问题的能力"。可见，作为单科教育的制衡力量，交叉学科建设与交叉学科教育正在成为世界各国高校教育改革的基本趋势，成为培养创新型人才的主要途径和方法。[1]

二、高校境遇——交叉学科建设与拔尖创新人才培养的双重困境

就中国高校而言，交叉学科建设与培养拔尖创新人才之间的关系如何？如何通过交叉学科教育培养拔尖创新人才？这些都是值得研究的课题。关于如何培养拔尖创新人才或杰出人才，钱学森先生不仅提出了发人深省的问题，而且也给出了自己的答案，他认为，中国高校之所以创新力不足，就是因为缺乏具有创新思想的拔尖人才，而之所以缺乏这样的人才，其根本原因在于"中国还没有一所高校能够按照培养科技发明创造人才的模式去办学"。可以说，培养拔尖创新人才的问题实际上是高校人才培养模式的改革问题，要培养拔尖创新人才就必须对高校传统的人才培养模式进行根本性的改革。拔尖创新人才不同于一般人才的培养标准，一般人才要求具有严密的逻辑思维和较强的做事能力，对专业知识和专业能力的要求比较高，而拔尖创新人才尤其是科技创新人才要求具有较为宽阔的知识视域，因为"科学上的创新光靠严密的逻辑思维不行，创新的思想通常开始于形象思维，从大跨度的联想中得到启迪，然后再用严密的逻辑加以验证"。

在中国高校实践中，单科设置的组织结构体系、狭窄的专业设置体系与培养拔尖创新人才的要求格格不入。当前，学术界对交叉学科重要性的认识以及对交叉学科的研究主要集中在科学研究或学术创新方面，实际上，从培养拔尖创新人才的角度而言，交叉学科建设具有自身的特殊意义。然而在实践层面，无论是交叉学科建设还是拔尖创新人才培养都还没有形成有效的运行模式，更没有形成二者之间的互动机制，中国高校内部面临交叉学科建设与拔尖创新人才培养的双重困境。

---

[1] 马廷奇.高等教育教学改革与质量保障[M].武汉：武汉大学出版社，2017.

（一）交叉学科建设面临的制度问题

一方面交叉学科建设与发展面临着传统的制度障碍；另一方面现有的交叉学科建设成果难以转化为创新人才培养的资源。所谓交叉学科是自然科学、社会科学、人文科学、数学科学和哲学等大门类科学之间发生的外部交叉以及本门类科学内部众多学科之间发生相互作用而交叉形成的理论体系。《国家中长期科学和技术发展规划纲要》指出："微观与宏观的统一，还原论与整体论的结合，多学科的相互交叉，数学等基础科学向各领域的融合，先进技术和手段的运用，是现代科学发展前沿的主要特征，孕育着科学上的重大突破，使人类对客观世界的认识不断地超越和深化。"实质上，交叉学科不是学科之间的简单相加和有形的学科组织结构的调整，学科交叉主要体现为学术思想的交融、学科之间思维方式的综合和系统辩证思维的形成。但由于受传统的观念、理论、体制三大软肋根深蒂固的影响，跨学科研究和跨学科教育都处于单学科体制的边缘地带，虽然20世纪90年代以来的院校合并使许多不同学科类型的高校合而为一，学科专业数量增多了，但由于学科并没有实现实质性融合，实际上交叉学科和交叉科学研究难有立足之地。即使如此，并不能说我们还没有认识到交叉学科建设以及交叉科学研究的重要意义，不少重点高校都设置了几十个甚至上百个研究所或研究中心，但迄今为止，我们的认识以及所采取的应对措施似乎都是不得已而为之的权宜之计，绝大多数跨学科研究机构挂靠在院系，实际上是既无办公用房又无日常运行经费的虚体，更缺少跨学科研究的有效保障机制。因此，与认识上的重要性相比，我国高校交叉学科建设实践中不同程度地存在职权模糊、队伍不稳定、方向多而杂、投入少而散等问题。

具体到研究者个体而言，交叉科学研究是每一位高校教师都能做到的事情，甚至在20世纪科学发展进程中，跨学科研究已经成为学术意识的一部分，用跨学科视野来处理一个学术问题并不需要太多的勇气与独创性，但在高校内部要用制度化的方式来处理交叉科学研究问题，形成稳固的交叉学科组织体系和有效的运行机制确实是一个十分复杂的难题，因为"学科互涉从一种思想发展成为一系列复杂的活动，包括其主张、活动和结构，它是对正统的挑战，是变革的力量"，因此交叉学科建设在实践中遇到的障碍与挫折也是普遍存在的。与这种虚弱的交叉学科建设体制相适应，交叉学科教育不仅得不到体制上的保障，而且在认识上还没有完全"觉醒"，依靠交叉学科培养创新人才还仅仅停留于口头上。现在的学术人员通常是凭借着在传统教育模式中受到的训练而进入研究队伍的，这种教育模式十分强调单一学科专业教育的重要性，即使在学习期间接受了一些通识课程的学习和训练，但在本学科专业之外接受跨学科教育的机会十分有限，这在很大程度上限制了他们跨学科研究以及迅速进入新研究领域的能力的发展。目前交叉学科建设还只是局限于学术研究或问题研究领域，相关资源、设备以及研究人员的调配都是为了应对研究的需要，交叉学科建设成果没有转化为创新人才培养的优势，在课堂教学中没有体现交叉科学研究的新成果，也没有成功地让学生掌握处理跨学科的复杂问题、复杂情形所需要的整合技巧；高校内部组织机构的变革没有体现学科建设与人才培养之间的渗透与联系，科学研究与教学之间的体制性断裂依然难以弥合。在这种背景下，培养创新人才只能是"纸上谈兵"，遑论大师级人才的培养。

（二）交叉学科培养创新人才的机制问题

交叉学科培养创新人才的机制还不健全，交叉学科培养创新人才的模式仍需要多元化探索。高校交叉学科建设与创新人才培养是相辅相成、互为一体的关系，其中，人才培养是交叉学科建设的基本任务，要实现高校多学科的融合与交叉，形成交叉科学的研究氛围，必须培养坚持跨学科价值观的研究人员。同时，交叉学科建设也是培养拔尖创新人才的基本途径。从我国科学院院士增选的情况来看，具有交叉学科背景的比例由20世纪50年代的40.53%上升到近年来的48.01%，交叉学科人数比例呈上升趋势。实际上，我国高校特别是研究型高校具有交叉学科培养拔尖创新人才的优势与资源，比如学科专家云集，学术思想活跃，科研设备一流。但在实践中，高校交叉学科培养创新人才还存在不少障碍，无论是本科生教育还是研究生教育，高校的资源配置、教师编制、课程安排、考核评价等，都以相对固化的学科专业或自我封闭的院系为组织单位，学科以及不同学科学者之间壁垒森严、沟通交流困难，小型、分散的单科组织模式把学生限制在狭窄的专业范围内，难以吸收到多学科的知识滋养，学生的创新型思维的发展受到很大限制。

实际上，单科教育的体制困境并没有能够阻滞高校交叉学科培养创新人才的自主性、零星式探索。一方面是因为实施交叉学科教育、培养拔尖创新人才已经成为高校教育改革的主要趋势和发展动力；另一方面，传统教育结构还有很强的"惯性"，无论是对现有结构的修正还是创造一种新的结构都需要一个过程。近年来，我国高校在交叉学科人才培养方面采取了一系列举措。一是跨学科课程的设置。这类课程主要有为某一学科专业开设专业核心课程之外的其他学科课程、为某一学科专业学生开设的跨学科综合性课程、面向全校学生开设的通识性课程等三种形式。二是交叉学科专业的设置。具体表现为一些研究型高校在本科专业目录之外自主设置了交叉学科专业，开始尝试在本科层次培养跨学科、复合型创新人才。但值得指出的是，这些改革举措大多还局限于人才培养课程体系和教学内容上的变革，或者只是学科专业结构等形式上的调整，同时现行改革探索在实践中仍然受到体制和资源整合等多种因素的干扰。实际上，交叉学科教育不是不同学科课程的杂陈，因为"每一门交叉学科都有其自身的特点和知识体系，其人才培养的规律也是不一样的，交叉学科的多样性带来了相关交叉学科人才培养的多元化取向"。但是，我国交叉学科人才培养仍处于探索阶段，不仅缺少对交叉学科教育共性理论和方法的研究，更缺少对交叉学科教育模式的多元化实践。

三、制度创新——构建交叉学科建设与拔尖创新人才培养的协同机制

提倡交叉学科建设并不意味着单一学科的终结，也不意味着完全不要学科的边界，而是提供一种从不同侧面研究问题的氛围。现代科学发展到今天，已经"没有某一门专门学科的研究可以仅靠本专门学科单科独进方式深入下去"，因此，高校必须培养适应学科交叉和交叉科学发展的创新人才队伍。与传统的高校组织模式与教育体制相比，学科交叉不仅是学术发展的动力，也是人才培养模式的根本性变革。现在的关键问题是要打破交叉学科建设与创新人才培养之间的"闭锁"状态，构建二者之间的互动与协同机制。

（一）树立高校交叉学科意识

无论是科学研究还是人才培养都要树立高校交叉学科意识。在科学研究和人才培养的实践中，无论学科还是专业，其边界都是相对的，不存在一成不变的固定"疆界"。科学进步本质上是不断挑战人类未知世界的过程，科学研究本质上就是学科的知识边界和壁垒不断被打破又不断形成的过程。高校专业发展也是如此，随着经济社会发展和科技进步，专业不断分化、重组，不适应社会发展需要的专业不断被淘汰，新的专业不断出现，其本质就是知识创新在高校人才培养专业分类上的反映。美国关于高校学生专业选择的研究报告证实，学科专业划分不再是不证自明的，情景化的探索重新划分了边界，在拥挤的领域可以进行交叉研究，各种交叉学科专业也在科学研究所进行的知识融合中诞生了。

在现代，虽然在高校内部学科的主导性地位并没有削弱，但与此同时，由于受到新需求、新利益、新技术的推动，催生出新的课题及看待旧课题的新方法。学生与他们的老师、研究者与学者共同生活在一个问题的复杂性既需要特殊技能，也需要整合技能来解决的世界上，生活在一个所有文化边界的总体削弱以及混淆范畴日趋模糊机构界线的时代，这一过程称为学科发展的"后现代阶段"，也即是我们所说的"高校交叉学科时代"。因此，高校交叉学科观念应该成为高校科学研究或人才培养的主导性价值观，具体表现为在科学研究、课程设置、专业建设、教学内容改革中破除学科壁垒与资源封锁，积极开展跨学科研究与跨学科教育，培养学者和学生开放的学术胸襟，使他们能够从更宽阔的视野看待单一学科的局限性以及学科与学科之间的联系。

（二）为交叉学科发展和交叉学科教育提供制度保障

一般而言，一个新学科在高校内部要得以发展与繁衍取决于三个基本要素：一是该学科在整个学科体系中合法地位的确立；二是有相应的组织机构作保障；三是该学科人才培养机制的建立。当务之急是确立交叉学科在整个学科体系以及在高校学科生态系统中的合法地位。在宏观层面，要进一步完善交叉学科发展的政策支持体系，制订国家交叉学科研究和交叉学科发展战略规划，学科专业目录修订要给予交叉学科更多的发展空间；无论是

国家自然科学还是社会科学基金项目评审都要鼓励交叉学科的课题研究并建立交叉学科专项研究资助与成果评价体系。在高校组织内部，学校层面要设立交叉学科建设与人才培养领导机构，负责对交叉学科发展和人才培养活动进行总体规划和实施，保证不同院系、学科专业之间的有效沟通；在院系层面，交叉学科研究与人才培养的组织管理可以有三种方式与现有院系发生联系，一是在院系设立专门的交叉学科研究与教育机构；二是单独设立交叉学科研究与教育院系；三是部分研究与教育活动由院系管理，部分由学校或院系层面的交叉学科研究与教育机构进行管理。

具体在实践中采用哪一种模式，必须根据不同高校的管理文化、现行体制以及具体的交叉学科研究或教育活动的需要，进行因校、因事制宜的制度创新。关于制度创新路径，既可以采取自上而下或自下而上的方式进行，也可以采用上下联动的方式进行。自上而下制度创新路径针对性强，有助于学校根据自身的学科优势加强交叉学科研究和人才培养；自下而上的方式有助于调动基层院系的积极性，有利于交叉学科研究与人才培养模式的多元化探索。但不管采用哪一种路径，行政推动与调动基层学术组织的积极性是必不可少的推动力。

（三）促进交叉学科研究与人才培养的资源整合

无论是交叉学科建设还是人才培养都涉及不同院系、不同学科专业之间的合作，涉及对现有组织机构和组织结构的调整以及学术和教学资源的优化整合。目前，高校交叉学科建设偏重于机构设置、基地建设、经费筹措、项目研究等方面，而忽视了对学生培养的关注。在实践中，许多交叉学科研究和实验中心单纯只是进行课题研究，不同学科教师之间的合作也仅限于项目合作，而较少在学生培养方面进行合作，虽然有些交叉学科研究机构开始招收研究生，但还没有形成有效的跨学科协作培养的有效机制。

至于高校教育，尽管不少高校设置了交叉学科专业，但专业内涵建设、课程建设、体制机制建设与培养创新人才的要求还相距甚远。当务之急是通过政策调节，鼓励进行交叉专业建设，开设交叉学科课程，用交叉学科研究成果丰富教学内容；鼓励教师组成跨学科教学团队，合作主讲跨学科课程；打破院系之间"各自为战"的学科建设和人才培养格局，理顺各院系之间的利益关系，建立院系之间协调机制和资源分配机制。同时，高校交叉学科建设和人才培养不可能是关起门来封闭进行，实际上，无论交叉科学研究还是人才培养都离不开政府、行业企业和相关研究机构的支持和配合，因此高校必须密切与科学界、企业界之间的合作关系，建立有多元利益主体参与的产学研合作机制，真正将交叉科学研究与创新人才培养结合起来。

第二节　产学研合作与创新人才培养

随着我国高等教育的大规模发展，质量问题逐渐凸显并成为近年来社会各界广泛关注的重要议题。在《国家中长期教育改革和发展规划纲要（2010—2020年）》中明确将全面提高高等教育质量和人才培养质量作为高等教育发展的核心任务。综观最近一段时期人们关于提高高等教育质量的讨论，主要包括两个方面的内容：一是如何提升整个高等教育系统的质量；二是如何培养创新型人才。这两个方面的内涵既相互联系，又各有侧重，一方面要在提升整个高等教育系统质量的前提下，着力培养创新型人才；另一方面把培养创新型人才作为我国提升高等教育质量的突出任务，或者说，培养创新型人才本身就是提高高等教育质量的应有之义。尤其是随着"钱学森之问"的深入人心，如何培养创新型人才特别是拔尖创新人才开始成为人们关注高等教育质量问题时所力求破解的难题。尽管不少学者或教育实践工作者已经提出了关于对这一问题的见解，但我们认为，培养创新型人才必须有赖于对传统的人才培养模式进行根本性的变革，有赖于搭建高水平的科学研究或社会实践平台，特别是要在实践层面全面落实产学研合作的育人功能。

一、从人才培养的视角全面理解产学研合作的内涵

在现代社会以及知识经济背景下，高校已经走出"象牙塔"，越来越多地与企业、研究机构合作，组成推动经济社会发展的"产学研合作共同体"或"产学研合作联盟"。但随着现代高等教育以及产学研合作功能的扩展，产学研合作在实践中却逐渐成为一个内涵歧义颇多、理解各不相同的概念。如果以高校为中心，产学研合作就包括产学合作、学研合作、产学研合作三种模式。从不同合作主体的视角来看，产学研合作的侧重点或目标也有所不同。在企业看来，产学研合作更多地被认为就是企业与高校、研究机构三方合作的简称，其目的是通过产学研合作充分利用高校和科研机构的科技和人才资源，促进企业产品开发、结构调整、科技成果转化、技术进步，进而提高产品质量和生产效益；从高校的角度看，则主要是指高校的人才培养或教学活动、科研活动与企业生产活动之间的合作，其目的是通过产学研合作促使高校更多地走向社会，获得更多的科研与教学资源的社会支持，进而提高高校的科技成果的经济效益和社会效益，提高人才培养质量；从政府的角度着眼，则主要是通过产学研合作，实现高校、科研机构的科技、人才资源与企业的有效对接，提高我国经济社会发展的科技成果含量，提高我国高校的科研水平与企业的自主创新能力。

因此，有学者认为，产学研合作只有高校、企业和研究机构三方是不够的，还必须有赖于政府的参与、制度规制和政策调节，只有这样，才可能建立有效的产学研合作机制，实现产学研合作效能的最大化；在此基础上，不少学者进而提出了"官产学研合作"的概念，这里的"官"就是指各级政府。

可见，从不同视角看待产学研合作，其合作主体、合作内涵、合作功能会有所侧重，甚至会有根本性的差异。就是单纯从高校的视角看，人们对"产学研合作"内涵的理解也不尽一致。从合作内容而言，既包括高校的教学、科研活动与社会企业科技生产活动的合作，也包括与高校自身的科技成果转化和科技园区生产活动的结合；从合作功能而言，不同层次和类型的学校，其侧重点也会有所不同，有的学校侧重于产学研合作的科技成果转化与科技的社会服务功能，追求学校科技活动的经济效益和社会效益，有的学校侧重于产学研合作的育人功能，追求培养人才的实践能力和创新能力。当然，从较为理想的状态而言，产学研合作这两方面的功能应该是合二为一、相辅相成的，但在实践中却出现了二者功能的"隔离"，或者有意或无意地忽略了产学研合作的育人功能。在这种情况下，为了彰显产学研合作的育人功能，有学者进而提出了"产学研合作教育"的概念，可以说是产学研合作在育人功能上的拓展和深化。

现代高校的职能主要包括人才培养、科学研究和社会服务，尽管三大职能各有不同的运行逻辑和任务分工，但人才培养是高校的核心职能，是高校之所以为高校的根基所在，科学研究和社会服务归根结底都要服从和服务于人才培养工作。从这个意义上说，产学研合作机制是现代高校的三大职能之间关系的逻辑延伸及其在实践层面的实践表征。实践中人才培养是一个上位层次或实现途径更为宽泛的概念，要更好地发挥产学研合作的育人功能，还必须深入到人才培养的核心环节——教学过程中，即通过产学研合作，使教学过程成为学生参与科学研究的过程，成为提高学生实践能力和创新能力的过程。由以上分析可以得出结论，对产学研合作不能仅仅进行"望文生义"式的理解，而且要根据不同层次高校产学研合作的具体目标而进行实践层面的阐释。从育人功能而言，"产学研合作具有更丰富、更全面、更深刻的内涵，它包含高校的知识转化、知识传授、知识创新三大功能，同时具有高校学生学习、创业、探究的行为含义"。从这种层面来理解，高新知识是产学研合作的基本要素，以高新知识的传承、创新与应用为核心的产学研合作本身就蕴含着十分重要的人才培养价值。①

二、产学研合作是高校培养创新人才不可或缺的途径

尽管目前学界对于什么是创新人才，或者创新人才应具有什么样的素质和能力，见仁

---

① 祁丽，张薇．创新创业教育产学研一体化创新变革研究［J］．山西青年，2020（14）：49．

见智，但可以肯定的是创新人才不是单一标准的概念，因为现代社会需要不同层次、不同类型的创新型人才。至于如何培养创新人才，由于学科专业性质不同，培养目标不同，在实践中也不可能有非常一致化的认识，但我们可以通过对影响创新人才培养的因素的分析发现培养创新人才的着力点。从实践层面而言，影响创新人才培养的因素大致可以分为两大类：一是办学条件和师资水平；二是人才培养模式或教育方式，当然二者绝非截然分离。但在办学条件和师资水平相对不变的情况下，人才培养模式是影响创新人才培养的核心问题。按照王伟廉教授的观点，人才培养模式包括人才培养目标、实现目标的途径和方法、实现目标的评价以及教育体制机制等方面。从哲学视角来理解，人才培养目标是人才培养模式的内核，而实现培养目标的教育途径和组织方式是人才培养模式的外壳，内核属于内容，外壳属于形式，形式是为内容服务的。也就是说，提高教育质量、培养创新人才，首要问题是要进行人才培养模式的改革，而人才培养模式改革的关键是要进行培养途径及其组织方式的改革。

当前，世界科学领域的竞争日趋激烈，市场经济大潮和政府的强力推动为企业技术创新创造了良好的环境，社会各领域需要一大批创新型人才。社会衡量创新型人才的主要标准是能否适应社会发展需要，能否解决科学领域或技术创新领域的重大社会需求和关键问题以及工程技术领域的重大实践问题。在这种背景下，高校传统的人才培养模式已经越来越不能适应培养创新人才的需要，实践中必须改变高校人才培养自我封闭的体制机制，改善人才培养脱离社会经济发展和科技发展的状态。从这个意义上说，产学研合作是培养创新人才不可或缺的途径。之所以"不可或缺"，是因为学生只有在参与科学研究以及科技创新活动中才能激发自身学习的潜能和创新的兴趣；只有让学生身临其境，参加高水平的科研和社会实践工作，才能促进学生创造性思维的发展、科学精神和创新能力的养成。实际上，产学研合作已经成为世界各国高等教育培养创新人才的最佳途径和政策选择，日本在20世纪90年代中期先后制定了《科学技术基本计划》和《教育改革计划》，将产学研合作教育作为一项基本国策。以MIT为代表的一批工科院校提出了"回归工程"的教育理念，强调把工程职场环境引入到学校里作为工程教育环境。在我国，近年来产学研合作也已经成为培养创新人才的重要战略举措，《国家中长期人才规划纲要》明确提出"实施产学研合作培养创新人才政策"，而《教育规划纲要》与此一脉相承，强调"教学、科研、实践紧密结合""加强学校之间、校企之间、学校与科研机构之间合作以及中外合作等多种联合培养方式""推行产学研联合培养研究生的'双导师制'"等。

也许有人认为，培养创新人才不仅仅是大学的责任，因为创新人才的成长还取决于政府政策的支持以及大学后个人的主观努力和社会实践锻炼，大学或许只是培养创新人才的"苗圃"。但不可否认的是，大学阶段是一个人创新才能发展的基础或最为关键的阶段。无论是在校本科生或研究生，他们思维活跃，具有很强的创新潜力，在这个时期让他们接触科学研究和科技创新活动或具有创新性的社会实践活动，将有效提高他们的创新素质和实践能力。从这个意义上讲，仅仅靠传统的知识授受型教学对培养创新人才是无能为力的。产学研合作对于培养创新人才之所以如此重要，一方面是因为培养创新人才是一项系统工程，涉及课程体系与教学内容、教学手段和方法、师资队伍、社会实践（教学实践）基地、科研平台等因素，产学研合作机制有利于这些分散的教学资源整合起来，将相互脱离的各个因素统一于人才培养的全过程，把人才培养置于教育、科技、经济的大系统中统筹考虑，使产学研合作成为培养创新人才的有效载体。另一方面，之所以强调产学研合作对于培养创新人才的重要性，主要是针对我国当下的大学人才培养模式的弊病而言的。我国大学人才培养模式存在的问题，不仅表现在跨学科基础薄弱、创新能力不强、发展后劲不足、适应能力差等大学培养的人才"结果"方面，还表现在人才培养的"过程"方面。

长期以来，我国大学教育以"知识传递""知识再现"为主要特征，注重培养"适应"社会发展需要的人才，人才培养过程缺乏与知识创新、科技创新、科技成果转化的有机联系，不仅与大学密切相关的企业和研究机构的教育资源没有有效利用，而且大学自身的科研以及科技活动的育人功能也没有得到真正发挥。在课程体系与教学环节的安排上，重理论教学，轻实践教学，忽视创新实践对学生运用知识、创新知识以及培养发现、分析和解决问题能力的基础性作用；在教学内容上，较为陈旧，科研与教学脱节，缺乏科研成果转化为教学内容的有效机制；在教学方式上，课程教学大多是以讲座式为主，研究性教学较少，学生不敢质疑，很少参与讨论，创造性思维的发展受到限制与约束。通过完善产学研合作机制不仅可以构建理论与实践、传承与创新之间的"桥梁"，而且可以打破传统人才培养模式的惯性制约，创新人才培养理念和教育途径。可见，无论是创新人才所要具备的基本素质要求，还是创新人才成长所需要的环境，都需要重新定位产学研合作的育人功能和价值，把培养创新人才贯穿于产学研合作的过程中。

三、产学研合作培养创新人才的模式选择与制度创新

产学研合作涉及不同合作主体权利和义务的规制，涉及分属于不同场域资源的优化与整合。从培养创新人才的角度而言，产学研合作是将教学过程与直接获取实际经验、实践能力为主的生产、科研实践的有机结合。当然，这种"结合"不可能自然发生，而必须根据具体的人才培养目标，构建相应的产学研合作模式，推进产学研合作的制度创新。

（一）探索与实践多元化的产学研合作培养创新人才模式

从根本上来说，产学研合作是现代高等教育的基本原则，是高校人才培养的基本途径。但不同层次与类型的高校以及不同的人才培养目标，产学研合作培养人才的功能定位、合作主体、合作内容都应该有所不同。从这个意义上来讲，产学研合作不存在一成不

变的固定模式，创新人才培养的产学研合作模式也应该是多元化的，如教育部正在实施的"基础学科拔尖学生培养实验计划"和"卓越工程师教育培养计划"就属于不同层次的创新人才的培养目标。前者着眼于培养基础学科领域"大师级"创新人才，后者着眼于培养应用学科领域的创新人才。当然，无论是大师级人才的培养还是卓越工程师的培养，都涉及人才培养模式、培养环境、师资条件、管理制度等方面的一系列变革，但产学研合作是必不可少的途径。

从产学研合作的模式与目标取向而言，基础学科拔尖学生的培养更多地强调大学与研究机构合作，更多地强调教师把学术研究与学生培养结合起来，给予学生更多地参与重大研究项目和基础性研究课题的机会，国家重点实验室、教师科研实验室等科研资源都要向学生开放，同时还要创造条件，鼓励学生利用国外优质科研资源开展研究工作。相比较而言，卓越工程师的培养有不同于基础学科创新人才培养的特点：一是行业企业深度参与培养过程；二是学校按通用标准和行业标准培养工程人才；三是强化培养学生的工程能力和创新能力。可见，卓越工程师的培养关键是要改革工程教育人才培养模式，创新高校与企业联合人才培养机制，给予学生更多的参与企业技术创新活动的机会，注重在工程实践中培养学生的工程能力和创新能力。

（二）建立创新人才培养的产学研合作管理体制

当前，创新人才培养已经列为提高高等教育质量的重大项目和改革试点计划，理应得到企业和研究机构乃至全社会的支持；同时，产学研合作培养人才需要大学与政府之间、大学与企业之间、行业主管部门与企业之间、大学与政府或教育主管部门之间、大学内部各部门之间的沟通与协调，共同解决在人才培养过程中出现的难题。因此，这就需要打破以大学为中心、自我封闭的人才培养体系，建立产学研合作的人才培养的管理体制与运行机制。

首先，国家和省级政府要建立产学研合作领导体制和管理机构，负责产学研合作的政策制定、组织实施、开展试点与经验推广、检查评估等并把人才培养作为产学研合作绩效考评的重要依据。其次，大学要积极与政府、企业以及研究机构合作，成立由大学、政府、行业和研究机构等相关领导组成的产学研合作领导与协调机构并把人才培养作为重要工作。最后，就大学自身而言，要打破人才培养与学科建设、科学研究的体制性壁垒，把学科建设资源、科研资源转化为培养创新人才的优势，有条件的大学要积极创造条件，鼓励学生参与校办科技产业的科技创新与成果转化活动；通过教师考核与评价制度改革，鼓励教师把人才培养与科学研究结合起来。

（三）完善产学研合作机制，充分利用产学研合作资源

产学研合作最大的问题是合作机制问题，或者说，产学研合作能否取得成效，取决于

通过合作能否满足各合作主体的利益诉求。虽然产学研合作主体各自的目的和价值取向不尽相同，但都希望通过科研或科技创新活动实现自身的目标，而科研活动或科技创新活动恰恰又是培养创新人才所必需的环境。就人才培养而言，关键是要找出产学研合作各方的最佳利益契合点。

一是大学要根据自身的培养目标，着重选择一些具有较高科研实力和创新能力的大企业开展合作，因为创新人才培养需要有高水平、高起点的科学研究或创新实践平台作为支撑，同时这些企业本身就有比较强烈的科技创新和人才需求，有兴趣、有能力与大学合作进行创新人才培养。二是大学与企业或研究机构合作开发优质教育资源。第一，要选聘既具有较深理论学术功底，又有很强解决实际问题能力的企业专家担任学生指导老师，引导学生用理论知识解决企业技术攻关难题；第二，与企业或研究机构合作开发课程资源，因为创新人才的培养对教学内容及其学术水平提出了较高的要求，大学要紧密与企业或科研机构合作将生产实践与技术开发以及科学研究的新成果转化为教学内容；第三，产学研合作培养人才，并不是把培养人才的责任转嫁给大学或研究机构，而是大学在积极参与企业的科技创新、解决关键技术难题以及与研究机构合作进行科学研究的过程中培养人才，这就必须明确合作各方的权利与义务，真正把培养人才落到实处。

第三节　高校人才培养模式改革与教学资源整合

随着我国高等教育大众化背景下质量问题的凸显以及人才培养社会适应性意识的提升，目前人们对人才培养模式改革已经有高度共识，但对大学教学资源整合理论与实践的系统化研究成果还比较欠缺。从人才培养模式改革的视角出发，本着合理、有效、充分地利用大学教学资源，提高办学质量和效益的指导思想，探究大学教学资源配置存在的问题，建立适应我国人才培养模式改革的教学资源优化整合机制，对于推进高校教学改革、提高教学质量具有十分重要的现实意义。

一、大学人才培养模式改革与教学资源整合的相关性

大学教学资源按类型划分一般包括人力资源、课程资源、设施与环境资源、实践资源以及制度资源；按存在状态划分，可分为直接应用于教学过程的资源与通过整合才能应用于教学过程的潜在教学资源。大学教学资源的整合是指大学将其有限的人力、物力、财力等资源进行调整优化和重组。具体来说，是以人才培养为核心，采取一系列的方法和手段，对各种潜在的可能的教学资源进行开发，对现有的教学资源进行结构性配置和重组，以达成提升人才培养质量的目标。人才培养模式指人才应具备的知识、能力、素质结构以

及实现这种结构的方式。狭义理解人才培养模式，是人才培养的过程、方式；广义理解人才培养模式是在一定的教育理念指导下，以一定的教学资源为基础，关于培养目标、教育制度、培养内容、培养方式、教育过程等诸要素之间的组合方式及其运行机制，它具有相对稳定性、规范性和可操作性的特征。

如今，我国大学本科教学改革按照"厚基础、宽口径、重个性、强能力、高素质、求创新"的原则，以提高教学质量为中心，培养具有较强适应能力的复合型人才。这种类型人才的主要特征是基础扎实，知识面广，知识运用能力强，具有较强的独立思考和分析问题、解决问题的能力，素质全面，具有科学创新精神。在这种教育理念引导下，大学人才培养模式改革涉及教育教学理念、学科专业调整、课程与教学内容改革、实践环节、培养方式改革、教学资源整合、教学运行和管理机制创新、教学组织形式等方面。

大学教学改革的根本目的是提高人才培养质量，而人才培养质量的提高在很大程度上取决于学校的办学水平、教学质量、人才培养模式、教学资源的优化配置和教学改革的深化。其中，人才培养模式改革是大学教学改革的核心。由于我国传统的教学管理体制的影响，教学资源配置效率偏低以及难以实现优化整合，是制约人才培养模式改革难以深入的根本原因。

第一，通过院校合并以及高等教育体制改革，我国绝大多数大学已经发展成为多科性或综合性大学，特别是通过"985工程""211工程"建设，学科建设与科学研究取得了突出成就，但与此同时本科教育质量并没有得到相应的提升，或者没有达到与学科建设相应的质量要求，特别是教学方式、教学资源配置模式没有发生本质上的变化，现行的各种教学管理改革措施，只是应付规模扩张不得已而为之的策略，并没有从根本上改变业已形成的人才培养模式，这也就很难实现学生的知识结构综合、专业综合、课程综合及提高学生实践能力和创新精神等教学改革的预期目标。可以说，大学教学资源的配置方式与存在状态已成为制约人才培养模式改革的"瓶颈"。那么，如何走出人才培养模式改革的困局，构建有效的人才培养模式呢？从现行的教学改革实践及其制约因素来看，大学教学资源的优化整合无疑是推动人才培养模式改革及其实践的"突破口"。

第二，基于对本科教育质量问题的关注与反思，现阶段，如何提升本科教学质量已经成为政府与社会各界共同关注的焦点。当然，现行教学质量问题固然与"重科研、轻教学"的价值取向密切相关，同时也与人才培养模式改革滞后和教学资源配置方式不合理有关。比如在人才培养过程中，选修课与必修课截然分开，主修专业与辅修专业界限分明，不同院系之间的资源缺乏共享，本科生与研究生课程隔离，短学期与长学期的课程截然分开，学科建设、科研成果并没有转化为本科教学资源，这些都是导致我国大学人才培养质量不高的主要原因。当前，我国的人才培养模式还只能局限于专业教育的框架内，既浪费了相对紧张的教学资源，也不利于不同类型学生的个性发展。

第三，大学教学资源的优化整合是建立新的办学理念和教学管理制度的过程，同时也是大学办学理念和教学管理制度重新选择的过程。教学资源整合是人才培养模式改革、提高教学质量的基础，因为其他方面的教学改革都是围绕教学资源的优化配置展开的。人才培养模式改革是重新配置教学资源的过程，没有教学资源的整合与有效利用，人才培养模式就不可能发生根本性的变化。教学资源整合与有效利用是评价本科教学质量的主要标准，充分而良好的教学资源配置状态是提高教学质量的必要条件。大学教学资源配置的优劣是看教学资源配置能否最大限度地满足教学过程以及提高教学质量的需要。事实上，为提高既有教学资源的使用效益，在我国大学内部已经开始尝试进行了一系列的组织结构调整，包括院校间组织结构调整和学校内部改革等，但如何进一步通过教学资源整合，促进人才培养模式改革，仍然是今后我国大学教学改革的重要课题。①

二、人才培养模式改革视角下教学资源配置的缺陷

大学教学改革的根本目的，在于构建有利于培养适应社会发展需要人才的培养模式。目前，大学人才培养存在的突出问题是与社会需求脱节，主要表现为专业结构不合理，专业口径狭窄，适应能力差，实际动手能力和创新能力差等。调查表明，79%的大学生认为学不到有用的东西，77%的大学生认为所学内容与社会现实脱节，80%的大学生对课程设置、教学内容不满意。这些又在很大程度上与大学教学资源与人才培养模式改革趋势的脱节相关。

第一，资源配置结构失衡，效率低下。在我国大学人才培养以及教学改革过程中，教学资源浪费与配置不合理现象普遍存在。从一般意义上来讲，在资源总量一定的情况下，合理的配置结构可以提高资源的利用效率；反之，不合理配置结构可以降低资源的利用效率。资源配置效率可以用不同的资源配置方式之下产出量的多少和资源闲置数量的多少加以衡量。资源配置的效率高，意味着人尽其才，物尽其用，闲置和滥用的资源较少，资源尽可能被充分利用。在资源总量相同的条件下，资源配置的结构将会影响资源配置的效益。在高校扩招的背景下，高校教师在学历结构、职称结构、年龄结构等方面的配置都不尽合理，主要表现为师资普遍缺乏，专任教师比重小，专家教师资源短缺，而行政冗员大量存在；对教师的激励缺乏动力、灵活性以及公平性。

第二，课程设置结构性失调。当前，无论是人才培养还是科学研究，学科间各自为政，不利于学科力量的整合及交叉学科的生成。课程体系构建中很少考虑内部的相互衔接和关联，通识课程、专业课程、选修课程相互割裂。在课程实践中，依然存在着重专业、轻基础，重理论、轻实践，重必修、轻选修的现象。学科间的交叉、融合只是停留在表面，课程结构缺乏有机联系，必然影响到我国研究型大学人才培养的知识结构、能力结

---

① 陈小筑，支希哲. 高等教育改革与创新 第7册 上 [M]. 西安：西北工业大学出版社，2015.

构和素质结构。选修课大多集中在专业课范围内,跨学科、跨院系、跨年级的选修课程极少;受课程选择范围的限制,选修课修读质量不高,也无法充分满足学生多样化的学习需求。通识教育课程与专业教育课程之间相互割裂,无法实现课程既有的整体功能。在我国研究型大学中,通识教育课程大多自成体系,课程目标模糊,课程管理混乱。通识教育课程的设置成为众多教师和学校不得不实施的行为,或者只是作为任务来完成而不是作为目标来实现。通识教育课程处于学校课程体系的"边缘",无法与专业教育课程之间形成一种相互衔接、互为促进的关系。

第三,学科建设、科学研究资源与本科教学的脱离。大学教学资源配置集中度不够,没有重点。高校科研力量分散,科研没有大项目,学科无法形成大平台;科研工作缺乏长期性、持续发展的重大科技目标;科研整合程度不高,难以实现科技资源和成果共享;现有科技创新平台的综合性、交叉性、集成性以及国际化程度普遍较低;交叉学科、新兴学科得不到强有力的投入和支持;科学研究、学科发展缺乏核心竞争能力。实践中,科研资源分化配置状态,使科研成果不能有效转化为可利用的教学资源等。这些问题在一定程度上阻碍了高校的学科建设,影响了学校的教学和科研水平,制约了高校创新能力提升的步伐,也不符合高等教育为建设创新型国家服务的时代要求。

第四,院系、专业之间资源割据与条块分割。高校的专业开办与办学资源(包括师资、生源、设备以及无形的政治、文化资源等)是由教育行政部门通过计划性分配的方式来"保障供给"的,这就形成了一种由政府主导的"供给驱动"的专业设置制度。院校资源为一个个专业所分割,教学资源仅为确定的几组课程服务,资源在一校内乃至几所高校内的共享困难。由于学科专业的割据状态,各系培养的人才知识面不够宽厚,知识单一,学理的不懂工程,学工的理论不深。由于校内、校际资源流动体制平台尚未建立,资源院系、院校所有制,导致校内外教学资源缺乏有效融合。加之,共同学习目标和明确期望的缺失,学位通常只标志着一系列互不关联知识碎片的获得,而非连贯、整合学习计划的完满完成。

三、人才培养模式改革视角下教学资源优化整合策略

(一)开发利用现有资源

大学教学资源整合必须立足于培养创新型人才,优化教学资源整体配置结构,打破本科生教育与研究生教育的界限,做到教学与科研结合、科研为教学服务、科研引领教学,培养实践能力强的创新型人才,实行仪器设备的开放式服务。这就要求我们必须打破专业和学科的局限,实现仪器设备资源共享;不断扩大综合性、设计性实验的比例和提高它们的内涵;打破管理体制障碍,健全实验课教学及实验室统一管理的体制;实行实验室

配置的模块化，完全实现仪器设备资源的共享与综合利用；为综合性、设计性实验的开设创造条件，为品牌、特色专业建设提供强有力的实验支撑；坚持服务、超前、优化和效益四个基本原则，改变因各子系统的分割而造成的教学资源浪费的情况；重视资源的开发利用，改造闲置的场所；对现有的教学仪器设备进行技术改造，扩大使用范围和功能，最大限度发挥设备设施的资源潜力；对扩招引起的校舍紧张问题进行科学的研究论证，以最小的代价换取最大化的办学效益；在校际之间联合办学，使资源得到有效的使用；利用区域联合办学的资源，扩大辅修和双学位模式学生的办学规模，涵盖更多种类的一级学科和二级学科，为学生提供更多的选择机会，有利于紧缺教学资源的高效利用；高校与大中型企业（公司）和科研院所"联姻"，充分利用社会资源，使校内资源与校外资源形成良性互补效应；充分发挥人力资源优势，建立稳定的校外实践教学基地，鼓励专业教师自行开发教学设备以满足不同课程和不同项目的需要，将最新的科研成果转化为教学资源，实现教研相长。

（二）调整学科专业结构

学科专业结构是高等教育人才培养与经济发展的耦合点，是高校最核心的组织建制。对学科专业结构调整的关注是高等教育体制改革进一步深化的体现。遵循"充实基础，增强应变能力，拓宽专业口径，淡化专业界限"的原则，重视高校学科专业结构同经济建设的产业结构和就业结构相适应，真正做到适销对路，避免宝贵的教学资源的浪费，防止短缺与剩余并存的现象发生，避免人才的积压和浪费。要拓宽学生的知识面，增强学生的社会适应能力、多角度观察和解决问题的能力。大学必须拆除跨学科教育的壁垒，进行学科专业的重组，合并相近专业，创建交叉性、边缘性专业，优化学科结构，发挥多学科交叉渗透的优势，促进学科的建设与发展，体现优势学科知识的互补和融合、强势学科的发展对弱势学科建设的带动，促成大学学科发展的生态均衡。同时，不同专业学科的教师有更多的机会进行知识融合和学术交流。

（三）推进以学分制为中心的教学管理制度改革

以学分制改革为突破口，全面深化教学改革。学分制赋予学生自主选择专业、自主选择任课教师、自主选择修业年限、自主确定学习进程的权利，为学生的个性化发展创造条件。通过推行弹性学制、学业导师制、主副修制、学分计量等突破传统的课堂式教学模式，建立专业和专业交叉、理论和实践教学贯通、课内与课外学习交融、校内与校外培养相结合、科研与教学互动、"走出去"和"请进来"同步、国内合作与国际合作共进的人才培养体系。构建课程群实现知识的贯穿与融合，形成"理论教学、综合实验课程设计"相互补充、相互依存的知识体系；通过强化实验教学的方法，构造学生培养的"知识传递—能力培养—能力运用—知识升华"完整链条；增加综合性、设计性实验项目，真正达到"素质教育""创新教育"的有效结合,构建有利于培养学生实践能力和创新能力的实践教学体系,实现"教学体系科学化、教学内容综合化、实践形式多样化、硬件平台通用化、应用软件个性化、运行环境仿真化、教学资源共享化"的建设目标。

(四)建立大学教学资源利用的生态型循环模式

大学教学资源可视为一个生态系统,根据生态系统理论和循环经济理论组合大学教学资源各要素,使人、财、物、信息等资源形成一个资源生态系统,资源利用由传统的线性(开放)系统向循环(封闭)系统转变,实现资源的循环利用。实践中,要将财力、物力、人力、信息等资源纳入区域性、国际性的整体循环运动中,使整个学校教学资源各要素形成一个封闭型的生态系统,每一要素都可以影响到整体环境的运行,整体环境对各要素的状态也可做出及时准确的反馈。大学教学资源的整合的目的是优化教学资源配置布局,提高教学资源利用效益,力求用尽可能少的投入培养出尽可能多的符合社会需要的"产品"。改革实践中的关键问题是要正确定位教学改革的目标,建立多元化的人才培养模式;以提高教学质量和满足学生的自主发展为主旨,遵循人才培养和高等教育规律,避免教学改革的盲目性与形式化。

第五章 创新及创新人才培养相关理论

第一节 创造与创新的基本概念

一、创造及创新的内涵

"创造"的基本定义是指"将两个以上概念或事物按一定方式联系起来,以达到某种目的的行为"。"创造"一词在《三国志》《后汉书》《宋书》等古籍中都曾出现过,《新华字典》将其解释为"发明、制造前所未有的事物",《现代汉语词典》将其定义为"想出新方法,建立新理论,做出新的成绩或东西"。总体来说,"创造"一词古今含义相差不大,都是指开创性地提出某种事物、理论、技术等。

关于"创新"的概念,不同组织、机构与个人在不同领域给出了不同解释。经济学角度:美籍奥地利裔经济学家熊彼特(J.A.Schumpeter)发表的著作《经济发展理论》中提出,"创新"指新技术、新发明在生产中的首次使用,是建立一种新的生产函数或供应函数,是在生产体系中引进一种生产要素和生产条件的新组合。这种组合包括:采用新产品或一种产品的新特性;采用一种新的生产方法;开辟一个新的市场;实现任何一种工业的新组织,或打破一种垄断地位。科学技术角度:1962年,伊诺思(JLEnos)在其《石油加工业中的发明与创新》一文中首次就"创新"给出明确定义,指出"技术创新是几种行为综合的结果,这些行为包括发明的选择、资本投入保证、组织建立、制订计划、招用工人和开辟市场等"。社会学角度:1995年,欧盟在《创新绿皮书》中将创新定义为"在经济和社会内成功地生产、吸收和应用新事物,它提供解决问题的新方法并使得满足个人和社会的需求成为可能。创新不仅是一种经济机制或技术过程,还是一种社会现象(工科高校创新人才培养及评价研究)"。由此可见,"创新"一词的含义十分广泛,从个体到群体,从科学技术到社会发展乃至人类文化变迁,只要涉及革新与改变,或者新的发现与发明,都可以称为"创新"。

创造与创新之间既有联系,又有一定区别:两者均强调获得的事物、理论、技术等具有"新"的特点,但"创造"一词更多的是强调"从无到有"的过程,指的是"首创前所未有的事物";而"创新"不强调其首创性,是指在已经存在的概念、理论、技术等的基础上,对某一事物进行改进、更新或者完善。比如,人们之所以会提出"金融创新",是因为金融体系与金融产品都是业已存在的事物,如果没有旧的体系或者旧的产品,创新也就无从谈起。总而言之,创造和创新有一定的联系,总体上可以通用。但在日新月异的现代社会,创新的适用范围更广一些。[1]

二、创新人才与创新能力

(一)创新人才

创新人才首先是人才,人才是指"为社会发展和人类进步进行创造性劳动,在某一领域、行业或某一方面做出较大贡献的人"。

"创新人才"的概念在国外文献中并不常见,目前,国内学者主要是从创新意识、创新精神、创新成果等角度对其进行阐述,对于"创新人才"的定义未能达成共识。经过综合分析与专家咨询,本书认为,"创新人才"这一概念与"一般人才"相对应,指在学习、工作过程中能够在前人的基础上开启创新之门,突破思维定式,采用新方法、新思想处理问题的人才。创新型人才具有强烈的创新意识、丰富的知识积累、强烈的求知欲望、敏锐的洞察力、积极进取的性格等。

(二)创新能力

创新能力是指综合运用已有的技术与知识,在各类活动、各个领域运用新的方法,创造性地提出具有经济、社会、科学等价值的新发现、新理论、新方案的能力,是一个人在创新过程中提出问题、分析问题、解决问题等能力的综合体现。创新能力与智力有较大关联,但智力并不是创新能力的全部,大量实验证明,除智力因素外,包括精神、性格等在内的非智力因素同样对人的创新能力具有很大影响,绝大多数人的智力水平相差并不大,因此,一个人是否能取得创新成果,非智力因素将是至关重要的条件。

(三)两者关系

北京大学教授黄楠森指出:"创新人才最根本的品质是具有自觉的创新意识、具有缜密的创新思维和具有坚强的创新能力。"由此可见,具有一定的开拓精神及能力,是高校创新人才培养所必备的条件之一,然而创新能力并不是创新人才的唯一特质,仅仅具有创

---

[1] 徐奇伟. 开启创新之门 高校创新人才培养的实践与探索 [M]. 长春:吉林人民出版社,2017.

新能力还不能被称为创新人才,在富有创新意识与创新精神的基础上,创新人才还应该具有严谨的作风、优良的品质、高尚的人格,在科学研究和社会实践活动中,能够以民族、国家乃至全世界、全人类的发展为己任,通过创新实践取得杰出创新成果,为人类不断认识和改造世界、为社会的发展和科技的进步做出自己的积极贡献。

三、创造技法与智力激励法

(一)创造技法概述

创造技法是人们根据创造性思维发展规律总结出来的创造发明的一些技巧和方法。无论从事什么工作,都需要有一定的方法,从事创造性活动也不例外。创造技法不仅能指导我们怎样去发明创造,而且为我们的发明创造找到了一条成功的捷径;只有掌握了它并能自觉地运用才会使我们的创造成为自觉的创造,促使人们不断地迸发出创造的火花。人们最欣赏和赞叹的总是创造的成果,从某种意义上讲,创造成果=创造欲望+创造思维+创造方法。创造欲望就是激发人的创造力和上进心;创造思维是创造的基础,它可以使人思想活跃、创意众多;而创造方法是人达到目的的途径和手段。到目前为止,世界上已开发出300多种创造技法。这些创造技法作为一种指导人们进行创造发明的方法,既不是某些天才凭空想出来的,也不是创造学家有意杜撰出来的。它的产生既有社会历史原因,也是科学发展的必然;是随社会的发展、人类的进步而产生的;是由于社会的需要而产生的;是从以往的社会实践中总结出来的;是随现代科学的发展而发展的。现在的创造技法,主要是一些非程式化的方法。从整体看,每个创造技法都离不开如下原则。

1. 自由畅想原则

创造技法没有边界,没有禁区,没有权威,没有止境,没有任何条条框框。想象力是创造性思维能力的核心,想象也是没有任何框框的。因而,使用创造技法也必须破除一切框框,鼓励自由畅想,让思维自由驰骋。

2. 信息刺激原则

脱离社会实践,闭门造车,既不能发现问题,也不能解决问题,是搞不出创造的。信息是打开新思路的钥匙,信息越多,则越有利于想象和联想;有许多不同领域的信息,更可以启发我们破除习惯性思维而开拓新思路;许多潜意识也只能在信息的刺激下涌现。因而,创造技法必须为充分调动各种信息而创造条件。

3. 集思广益原则

"三个臭皮匠,顶个诸葛亮。"集体智慧是创造力的源泉,大力开展集体创造,是创造技法的重要原则。

4. 量中求质原则

习惯性思维思路很狭窄，要搞创造必须拓宽思路，因而各种创造技法都应利用发散思维和集中思维的形式，先求数量，然后从数量中寻求最佳思路。

5. 同中求异与异中求同原则

世界上的事物千差万别，隔行如隔山，又都殊途同归，隔行不隔理。对于其中既有联系又有区别的情况，从事创造时必须善于从相同中找差异，从不同中找规律，则可发现处处都是创造的天地。

6. 需要导向原则

环境虽是外因，但良好的环境对创造必定有很大的促进作用。故良好的思维环境，或造成一定的环境压力可以促进创造活动的系统工程取得更好的成功。

7. 尊重科学原则

任何创造都不能违背科学，否则将一事无成。故敢于创造绝不是乱造，尊重科学规律才能取得丰硕的成果。

8. 综合创造原则

不同而相关联的事物或现象综合起来，可以组合成无穷的创新演变，综合是创新的重要渠道。

9. 实践第一原则

任何创造性思维的产生均离不开实践，任何创造技法的应用及效果均需在实践中经受检验。

自 20 世纪 30 年代美国的亚历克斯·奥斯本（Alex Faickney Osborn）创立智力激励法以来，迄今为止各国开发出来的创造技法已多达数百种，比如，头脑风暴法、组合法、类比法、列举法等。有些学者按照不同的方法对这些技法进行了不同的分类：①按照思维的类型可分为发散型创造技法、综合型创造技法和灵感型创造技法。发散型创造技法如类比法、形态分析法等；综合型创造技法如列举法、组合法等；灵感型创造技法如联想法、智力激励法等。②按照分析事物的途径可分为列举分析型创造技法、组合思考型创造技法、逻辑推理型创造技法、系统分析型创造技法、检核提示型创造技法、智力激励型创造技法和观察发现型创造技法。③按照思维方向的不同可分为逆向型创造技法、侧向型创造技法、多向型创造技法以及交叉型创造技法等。良好的创造技法能够更好地发挥创造力，掌握和运用好创造技法会促进发明创造活动顺利进行，达到和超过预期的目标。同时，创造活动是极大地发挥创造性思维的工程，开放的思维是创造活动的保证。因此，创造技法在运用时不能生搬硬套，应灵活运用，多种技法并用或交替使用通常会产生更好的效果。学习创造技法能够激发人们的参与积极性，提出更多的设想，提高技术革新和创造发明的效率。

（二）智力激励法

1. 智力激励法含义

智力激励法是一种集体型的创造技法。它是根据一定的规则，运用智力激励会的形式，来共同无拘无束地讨论具体问题，通过集体思考、思维交流来集思广益，从而在短时间内产生大量的创造性设想的活动。就是为了产生较多较好的新设想、新方案，通过一定的会议形式，创设能够相互启发、引起联想、发生"共振"的条件和机会，以激励人们智力。它的前提条件是"合作"。为了使众人的合作更有效地进行并想出大量的点子来，创造工程创始人奥斯本发明了这种方法。是通过集体思考、集体设想的方式开发群体创造力的集体操作型创造技法。也称"头脑风暴法"或"脑力激荡法"。智力激励法的核心是：集智、激智。

2. 智力激励法的类型

智力激励法包括群体激励法、小组激励法、奥斯本智力激励法、653默写法、个人智力激励法。

3. 奥氏智力激励法原则

奥氏智力激励法原则包括①自由思考原则：要求与会者自由畅谈。②延迟评判原则：对别人提出的任何设想，即使是幼稚的、错误的、荒诞的都不许批评。这一原则也要求与会者不能进行肯定的判断。③以量求质原则：会议强调在有限时间内提出设想的数量越多越好。④借题发挥原则：结合改善原则。⑤简短精练原则：不要详细论述，展开发言，否则将拉长时间。会议鼓励与会者用别人的设想开拓自己的思路，提出更新奇的设想，或是补充他人的设想，或是将他人若干设想综合起来提出新的设想。

四、创新人才培养

知识经济的发展取决于智力资源的占有。人才是智力资源的载体，发展知识经济的核心在于人才。知识经济需要的是一种新型人才，是善于进行知识创新、技术创新、经济创新的高素质人才。以创新为灵魂的知识经济呼唤创新人才的培养，未来的高等教育必将肩负起这个培养重任。

（一）创新人才培养是高等教育适应知识经济发展的根本所在

创新人才培养将在21世纪的经济发展和社会进步中起着举足轻重的作用，因为它是知识创新、技术创新的基础。"要加快知识创新，加快高新技术产业发展，关键在于人才，必须有一批又一批的优秀年轻人脱颖而出。"我们的高等教育只有培养出具备创新意识和创新精神的新型人才，才能通过创新人才的广泛社会活动，不断地产生新的思想、新的知识、新的技术，产生大量的专利与发明，呈现以创新为基础的社会发展局面，推动国家高新技术的发展和传统产业的改造，成为更加强大的社会生产力。

培养创新人才已成为知识经济时代高等教育发展的根本所在，但这种教育、这种人才培养在我国高等教育中还很欠缺。我国高等教育的培养模式使学生具有基础扎实、刻苦勤奋的优良素质，但东方文化的背景和长期形成的传统教育观，重理论学习、轻动手实践的倾向，使我们的教育活动是以理论学习为主，以教师讲授为主，以课堂教学为主，评价教学的手段也以考试为主，应试教育倾向较为严重。长期的积累形成颇为完善的传输式教育，强调教师的中心作用，强调学习方式的统一和学习过程的统一，学生只能被动接受，缺乏生动活泼、激发学生思维与学习主动性的学习氛围，致使我们的人才培养模式单一，极大地限制了学生创造性的发展，不利于学生学习能力的提高，独立获取知识和信息的能力、分析和解决问题的能力得不到很好的培养和锻炼。这样的教育过程和教育模式不能适应学生创新精神和创造能力的培养，离创新人才的社会发展新要求差距甚远。

在知识经济时代，高等教育在适应不断提高劳动者基本素质的社会要求之上，更要能够做到培养具有创新精神和创造能力的人才。今天，高等教育作为知识创新的基础，受到世界各国的高度重视，纷纷提出本国高等教育改革与发展的新计划，提出新的教育目标和教育政策。面对这样的发展形势，我们必须更新教育观念，走出守成教育的旧圈子，引导教师把教育的着眼点放在培养和提高学生创新能力上，使学生的创造性得到发展，使我们民族的创新精神和创新能力在知识经济的时代得以发扬光大。

（二）高等学校要培养高素质的创新人才

围绕各类创新人才的培养，推进我国高等教育改革与发展，是当前我们所面临的任务。

1. 树立创新教育观

高等学校作为培养人才和创造知识的机构，本来就担负着知识创新的使命，但是，在传统的经济社会发展中，技术进步和知识更新的速度缓慢，人们习惯于用已有的知识解决现实存在的各种问题，于是高等教育就形成了以继承性教育为主的传统教育模式。在教学活动中，传统教育是以教学内容的稳定和单一为基本出发点，以知识的记忆和复现为基本目标，强调对已有知识的记忆，把掌握知识本身作为教学的目的，把教学过程看作知识的积累过程，以掌握知识的数量和精确程度作为评价教学质量和学习质量的标准，总之，传统教育是单纯的继承性教育，这种教育不利于培养学生的创新精神和创造能力。

知识经济对人才的要求在内涵、规格、模式诸方面都将发生深刻的变化，创新是对人才素质的核心要求，我们要在继承性教育的基础上，加强创新教育，树立起新的教育观。新的教育观认为，要在很好地传授和学习已有知识的基础上，注意培养实现知识创新、技术创新、管理创新的能力，在教学中强调发现知识的过程，强调解决问题的方法，培养探索精神；要在适度掌握知识的数量和精确程度的基础上，更加注重从创新能力和提高素质上衡量教育质量；要在学习知识的过程中更加注重训练思维能力，认识学科本质，掌握学习方法；要在强调学生的全面发展的同时，也要特别注意学生的个性发展；要在重视专业知识学习的同时，也要重视基础知识和人文知识的学习。只有确立了新的教育观，创新人才培养才有明确的思想保证。从继承性教育向创新性教育转变，应成为高等教育变革的世纪性课题。

2. 深化教学改革

高等学校要肩负起培养创新人才的重任，关键是要搞好教学改革。

（1）改革教学内容

要加强学生创造性思维意识的培养，要反对本本主义，提倡独立思考，探索新知识；要学会抽象思维，利用抽象思维捕捉创意，拓展思考的自由度；要摆脱思维定式，倡导逆向思维。

要更新教材内容。当前，教材陈旧是突出的问题，高等学校教学改革要在教材上下功夫。压缩传统学科教学内容，开辟新型的综合性课程和以高新技术为基础的课程，扩大科学前沿知识的学习，注重多学科融合。

要在教学中引入科学研究，努力使教学带有研究的性质、探索的色彩。让学生通过教学介入某些科研课题，了解科研过程及科研方法，使他们有亲身参加科学研究的体验。

（2）改变教学方式

要进行启发式教学，努力把演绎法和归纳法结合起来，强调教师与学生的双向交流，推行问题讨论式教学。学生要从被动学习转入积极参与教学活动，知识的认知与获取知识的方法的讨论都应是学习的内容并在这种学习的过程中形成教师与学生之间的思维互动，让学生既学到知识，又学会探索。因材施教应是高等学校教学上的追求。可以逐渐实行小班教学，加强对学生的个别指导，注意发现和培养有特殊才能的学生，推行教学上的个性化教育模式。信息高速公路的开通也为个性化教学提供了方便的条件。信息技术进入教学领域所形成的现代教育网络将更加有利于创新人才培养。

（3）改革考评方法

彻底改变以考试为中心、以知识掌握程度为基础的教学制度。探索考试制度改革，实行多样的选拔制度、多元的评价标准。在评价中要体现创新是目标的指导思想，知识学习与能力锻炼的考核要结合起来。

3. 改善教学环境

高等学校要创造有利于学生创新培养的良好环境，造成学术上自由讨论、创新思想轻松发表、优秀人才脱颖而出的良好氛围。要认真贯彻尊重知识、尊重人才的方针，贯彻好"双百"方针，创造民主、宽松的环境，保护知识产权，建立有利于培养与开发有创新能力的高素质人才的机制，使创新人才培养落到实处。拓展第二课堂，开展课余科技学术活动。学校应把开展这些活动提到教学的高度来认识,纳入整个教学体系之中,成为教学的不可缺少的一部分。师生关系与创新人才培养密切相关。传统的师生关系是一种不平等的人格关系,今后,教师要注意和学生平等地研讨问题、自由地双向交流,使学生形成探求创新的心理取向和性格特征,这样的师生关系最有利于激发学生创造性思维的火花。时代发展呼唤创新,高等教育肩负着创新人才培养的重任。我们一定要把握这一历史发展契机,坚定不移地走改革创新之路,使高等教育发展全面适应 21 世纪社会的需要,为中国的繁荣富强做出新的贡献!

五、创新是人类走向文明的基因

唯物辩证法认为,一切事物都存在着矛盾,矛盾是事物发展的动力,一个矛盾解决了,一个新的事物随之产生,而创新则是在继承前人基础上对其再超越。然而要真正实现创新就必须有创新理论的指导,有丰富的科学知识的支撑,有务实求真的科学态度,否则,一切盲目的行动只有招致失败。为此,人类为了认识新事物,为了发现新规律,就要运用创新的思维方法,寻求认识新事物的措施,促进认识的飞跃,由必然王国走向自由王国。

社会经济的发展表明,哪一个国家重视创新,善于创新,国家经济就会展现勃勃生机。相反,哪一个国家或民族没有创新能力,其经济发展就非常缓慢,就会受制于人,就处于被动挨打的地位。其根源就是因为创新是经济发展的动力。

(一)创新是提高生产率的根本途径

生产技术越先进,劳动生产率就越高,反之劳动生产率就越低。因此要提高劳动生产率,提高产品的市场竞争能力,就必须改进生产技术,通过科技创新提高产品的科技含量,促进劳动生产率的不断提高。战后随着以微电子技术为代表的高新技术在西方兴起,西方各国在科学技术中的不断创新,使其劳动生产率水平有了大幅度提高,就是明证。有人统计,在经济增长中本世纪初依靠科学技术部分仅占 10%,而现在科学技术在经济增长中的含量已占百分之七八十。

科学技术之所以能对劳动生产率的提高、经济的发展具有决定性的作用,就在于科学技术本身具有认识功能、拓展功能、动力功能,能创造出更高的劳动生产率。而且正因为科学技术创新对经济的进步具有强劲的助推作用,因而在科学技术飞速发展中,新技术、新工艺、新材料层出不穷。在科技成果转化为生产力的速度越来越快的今天,各国都把科技发展创新视为提高劳动生产率、提高本国经济竞争能力的根本途径。

（二）创新是产业结构优化的催化剂

科学技术的创新不仅会提高劳动生产率，降低产品的成本消耗，提高经济效益，而且能促进新型工业部门的兴起与发展，能使传统行业得以脱胎换骨的改造，焕发出新的生机与活力，并使产业结构日趋高层次化。信息化和智能化使社会生产力得到迅速发展，20世纪70年代后，美国、日本、联邦德国等西方发达国家其高新技术产业之所以能雨后春笋般得到发展，产业结构之所以呈现信息化和智能化的态势，传统产业在产业结构中所占比重之所以日趋下降，其根本原因就在于以微电子技术、生物工程技术、新材料技术为代表的高新技术得到了迅速发展并且迅速实现了产业化，同时高新技术在传统产业中的广泛应用，使传统产业得到了迅速改造，从而也就使整个产业结构由重化工型走向智力型，呈现了新的优化状态。而发展中国家，之所以在产业结构优化方面，远远落后于西方发达国家，就在于科学技术的创新落后于发达国家。高新技术产业起步晚，发展缓慢，正如美国经济学家西奥多·舒尔茨（Theodore W.Schultz）所说，劳动者掌握的具有经济价值的知识和技能，是造成技术先进、国家生产优势的重要原因。联合国教科文组织发表的世界科学报告中也指出，今天富国和穷国之间的差距是知识的差距。这里所说的知识差距，实际就是科学技术上的创新差距，即一个国家只有不断创造出新的科学技术、新的科学知识，才能使产业结构走向高新技术化，才能促进国家的繁荣富强。

（三）创新是知识经济发展的内在要求

知识经济是建立在知识与信息的生产、分配和使用基础上的经济模式，是以高新技术产业为支柱，以知识和智力为主要资源的经济。在知识经济时代，经济的发展和财富的创造不再是主要靠有形资产的投入与耗费，而主要是靠知识、智力、人才等无形资产的发展所获得的。正由于知识与技术的创新是知识经济的生命所在，创造知识与运用知识的能力与效率将成为影响一个国家综合国力和国际竞争力的重要因素，一个国家不具备创新精神和创新能力就难以生存和发展。因此具有创新能力的人才就成了知识经济的核心，有创新能力的人才就成为各国与各企业竞争的焦点，20世纪90年代以来，知识创新已成为经济增长的第一生产要素。无论是信息产业、生物工程，还是材料工程，之所以能迅速发展，其动力都来源于知识的创新。

第二节 智力、非智力因素与创新

一、智力因素

智力因素通常是指记忆力、观察力、思维能力、想象力等,即认识能力的总和,除此之外,实际操作能力也属于智力因素的一部分。智力因素是人们在对事物的认识中表现出的心理性,是认识活动的动力系统。智力因素对于创新活动有很大影响,在创新人才进行创新实践的过程中起着举足轻重的作用。智力因素通常包括以下五种。

(一)记忆力

记忆是对经历过的事物能够记住并能在以后再现或在它重新呈现时再认识的过程,记忆力是识记、保持、再认识和重现客观事物所反映的内容和经验的能力。记忆是创新的基础,只有通过记忆获取大量知识储备之后,才能够以此为基础进行创新活动,通过记忆保存的信息,是创新活动的有力支撑。创新人才在进行记忆时绝非死记硬背,而是在记忆的同时广泛进行联想、思考与重构,使所记忆的内容条理化、体系化,使得知识便于检索及二次应用。

(二)观察力

观察是一种心理过程,观察力是指大脑对事物的观察能力,如通过观察发现新奇的事物等。对某一事物、理论等进行全面、具体、客观的观察,能够准确地辨别出这一事物、理论的基本信息,发现旁人无法发现的细节,为创新活动的进行提供必要条件。创新人才具有敏锐的观察力,这能够帮助其更多地发现问题所在并准确捕捉创新点。缺乏观察力的人,只能观察到事物的表面现象,无法挖掘深层次的内在规律,很容易忽略细节,进而错失创新的机遇。

(三)思维能力

思维能力是指通过分析、综合、概括、抽象、比较、具体化和系统化等一系列过程,对感性材料进行加工,进而转化为理性认识并解决问题的能力。思维方式将直接决定和影响创新的结果,所以思维能力将在事物的发展过程中起着主导的作用,也是实践的关键要素。创新过程需要创造性的思维能力,创新思维是创新人才寻求新的思维成果的动态思维。创新人才根据客观需要，利用知识储备以及学习到的新信息，探求新观点、新理论、新现象、新线索、新事物，通过认真思考，在特定的领域取得突破性进展。创新思维由发散思维、收敛思维、单一思维、多样化思维、纵向思维、横向思维等组成，各种思维方式彼此配合、相互补充，对创新过程给予指导。创新思维的关键点在于拓展思维视角，精华在于同中求异，异中求同。

随着科学技术的进步、人类认识的不断深化，创新思维逐渐成为在形式逻辑上日益发展和完善起来的思维状态的最高境界。创新思维有着重要的意义，习近平总书记指出"抓创新就是抓发展，谋创新就是谋未来"。因此，培养创新思维对创新实践以及创新人才培养均具有极其重要的意义。

（四）想象力

想象力是指在知觉材料的基础上，经过新的配合而创造出新形象的能力。创新本身就是一个在旧事物的基础上获得新事物的过程，在这个过程中，想象力将起到很大作用，想象能够帮助创新人才对现有的事物、理论进行再加工，进而创造出新的事物、理论。因为有想象力，人类才能创造与发明，发现新的事物和定理。伟大的科学家、工程师，无不是发挥自己的想象力，在研究领域中不断开拓进取。如果没有想象力，人类将不会有任何发展与进步。

（五）操作能力

记忆力、观察力、思维能力以及想象力均属于认识层面的智力因素，与这四项有所区别，操作能力是属于行动层面的智力因素，没有操作能力，前面四项能力就无法走出人的大脑，成为具体的物质力量。创新人才通过记忆、观察、思维、想象等得到的智力成果，只有通过操作才能够成为现实。因此，过硬的操作能力是创新人才的必备素质，操作能力是创新实践的重要保证。[①]

二、非智力因素

"非智力因素"（又称非认识因素）的首次提出，是在美国心理学家亚里克山大（W. P. Alexander）于1935年发表的《智力：具体与抽象》一文中。在我国，心理学专家燕国材于1988年发表的一系列文章使得"非智力因素"这一名词引起国内专家学者的广泛关注。广义的非智力因素指智力因素以外的一切生理、心理、道德品质、外部环境等因素，狭义的非智力因素被归纳为动机、兴趣、情感、意志，性格五种基本因素。这里将从狭义角度

---

① 胡益强. 高师创新教育中在校学生非智力因素研究的再探索[D]. 长沙：湖南师范大学，2014.

分别介绍这五个因素及其对科技创新的影响。

（一）动机因素

动机是指激励或推动人去行动以达到一定目的的内在动因。创新人才在进行科学研究等工作的过程中，必定有特定的驱动力来推动其努力进行研究。创新人才在创新活动中的动机可以分为总体和个体两大类，总体动机是指创新人才进行创新活动是为了全世界、国家、集体等利益，个体动机是指其创新活动是为了自我实现、自我满足等。在创新活动中，动机因素主要体现在对所研究内容有强烈的好奇心与探索欲望，一般来说，这种动机越强烈，其在创新过程中的效率越高，取得创新成果的可能性越大。

（二）兴趣因素

兴趣是指对事物喜好或者关注的感情，是积极研究、探索某一事物的倾向，是一种积极向往特定事物的心情。当创新人才对某一理论或技术产生浓厚兴趣时，就会积极进取地探索这一事物的本源，迸发出持久、稳定的研究热情，同时想象力变得更加丰富，能更为敏锐地对这一理论、技术进行探究。创新人才必然对于自己所研究的领域具有浓厚兴趣，因为只有这样才有可能克服研究过程中所遇到的重重困难；同时，优秀的创新人才还应具有较为广泛的兴趣，在不同领域均有所涉猎，这有助其利用其他领域的思维、想法，对自己的研究方向产生更多的启迪与帮助。在自身领域有深入的研究兴趣，在其他领域有广泛的兴趣，是创新人才的普遍特点。

（三）情感因素

情感因素是指人对事物的喜好或厌恶的态度，反映一个人主观感受与客观事物之间的关系。对待某一事物的情感分为积极、消极两个方面。科技创新的过程并非永远一帆风顺，可能会遇到这样或那样的困难，这些困难所产生的挫败感及枯燥感通常会降低人对创新活动的偏好程度，此时，对于创新活动的积极情感会使得创新人才能够将困难的影响降低到最小，提高创新效率，激励人不断求索，使创新活动充满生机和活力。能够对创新活动产生支持的积极情感包括爱国主义、责任感、使命感等。

（四）意志因素

意志是指人有意识、有目的、有计划地调节和支配自己行为的心理过程，分为感性意志和理性意志两个方面，是一个人克服困难的必备品质。创新过程中通常会遇到阻碍，有些并不是短时间内就可以逾越的，而需要大量的时间、经验去积累数据、完善理论、进行实验，创新人员只有具备顽强的意志才能克服这些在创新过程中遇到的精神和生理层面的阻碍。

（五）性格因素

性格是指呈现在人对现实的态度和相应的行为方式中的比较稳定的、具有核心意义的个性心理特征，是一种与社会相关最密切的人格特征。一个人的性格决定了其对事物的态度。一个优秀的创新人才需要一系列的优秀性格品质。比如，具有开拓进取精神的人，能够勇于打破常规，大胆猜测与假设，对现有的理论、技术等提出质疑或改进；具有开阔胸襟的人，能够认真听取别人意见，对创新过程中别人的批评给予积极反应，使自己的研究方向得到修正，而非狂妄自大，对别人意见不予采纳。除此之外，勤奋、自信、追求真理等性格塑造，对于创新人才同样重要。

三、智力因素与非智力因素的关系

现在家庭教育通常只重视智力因素的培养，而忽视或轻视非智力因素的培养。突出表现是：吃、穿、住、行家长护驾，对孩子百依百顺，态度好时过分宠爱孩子，态度不好时打骂孩子，不注意对孩子品质、信念和世界观的正确引导等。总之，在部分家长眼里，智力因素重于非智力因素，智力因素独立于非智力因素，而不知道非智力因素在智力的发展过程中所起到的作用占有什么样的位置。非智力因素毕竟不同于智力因素，在非智力因素上面的投资未必会收到"立竿见影"的效果，这也正是部分家长轻视非智力因素的重要原因所在。我们常说"十年树木，百年树人"，教育的成果，有一个时间的滞后和效应的累积过程。单调、乏味的知识传输和技艺训练，虽然在某一个时段内或许有些结果，但这仅仅是外部作用力的结果，到头来，很可能造就出像政治家王安石哀伤过的仲永那种"小时了了，大未必佳"的庸才。我们知道，事物发展变化的根本动力在于内因，孩子的成长方向、发展水平、素质的高低最终将取决于他自己。人的观察力、记忆力、想象力、分析判断能力、思维能力、应变能力都是经师者引导、本人学习和在实践的基础上开发和发展起来的，同龄的城乡孩子在一起，城市的孩子在能力方面略胜一筹，这一普遍的事实说明环境不同，智力的发展是不一样的。但我们也发现，同样的客观环境，同样是城市孩子，同样认为天资聪慧，但有的孩子智力水平明显出众，有的孩子智力水平迟迟开发不出来，虽有潜力，却找不到启动其智力发展的钥匙。那么，这把钥匙是什么呢？这就是孩子自身的品质，就是对智力开发起积极推动作用的非智力因素。非智力因素对智力因素的积极推动作用表现在以下几个方面。

（一）非智力因素为智力发展提供精神动力

高尔基在《论文学》中说道："一个人追求的目标越高，他的能力发展得越快，对社会就越有益，我确信这也是一个真理。这个真理是由我的全部生活体验，即我的观察、阅读、比较和深思熟虑的一切确定下来的。"这段名言揭示了目标高远的重要性,也揭示了内心精神品质与智力发展的紧密联系。现实表明,内心精神品质不同,其智力因素发展速度、水平、方向也不相同。

人的理想、品质、信念、世界观、需要、动机、兴趣、情感等心理,都是激发人们奋发向上、刻苦钻研、积极拼搏、努力工作的精神支柱,是人生的指南、前进的动力。孩子如果不知道为谁而学,为什么而学,或者错误地认为为了应付考试,受家长和老师逼迫而学,没有理想,缺少志向,那么,孩子要么缺乏学习动力,要么厌学逃学,更谈不上智力开发和发展了。事实上,我们在教学和家庭教育过程中明显存在这种重智力、轻德育的偏差,在方法上表现为:目标——学生每次考试都必须有个好成绩;措施——唠唠叨叨,开口闭口皆是应该怎么学、向谁学,或者批评,或者动手以示师长威严,而完全忽视或不重视孩子的理想、志向教育,甚至家长带有鄙视政治教育的色彩。因此,现在初中的孩子有部分人就重实惠和个人私利,唯我独尊,我行我素的言行时有表露。像这样的孩子,在学校属于工作耗力最大的对象;在学习上因缺乏内在动力,故表现为:①懒惰:不愿上课,不愿背书,不爱动脑子,不按时完成作业,贪玩、胡闹、逃学等。②欺骗:为自己学习懒惰找借口,否认、遮掩自己的错误行为,以玩世不恭的态度对待老师的批评,或表面承认,伪装改正,背后依然故我。③自相矛盾:十分羡慕才华横溢的同学,也曾暗暗发誓、订计划、下决心,欲赶超上游同学,但在实际学习过程中又觉得玩最痛快。两者时常斗争,但一般表现为自制力很差,前紧后松。④自我评价不切实际:过分低估自己的能力,这种学生缺乏自尊心和自信心,不相信自己有学好的潜力,也不会感到丢面子;而另一种学生则过分拔高自己的能力,最后导致动力不足,因为抱负水平大大超出能力,自尊心又太强烈,经不起失败的打击,一遇到失败就会大幅度降低自己的志向水平,最后走向下坡路等。究其原因,从根本上说,就是孩子内心世界缺乏一定的品质,即无志向,目标不明,态度不端正,总之,即缺乏内在精神动力。因此,我们说非智力因素能为智力的发展提供指南,是智力发展的风帆。

(二)非智力因素是智力发展的可靠保证

孟子曰:"故天将降大任于斯人也,必先苦其心志,劳其筋骨,饿其体肤,空乏其身,行拂乱其所为,所以动心忍性,曾益其所不能。"可见,人的才能的发展与个性品质的首先培养是紧密相连的。可以说,人的品质的发展,为智力开发与发展创造了必不可少的前提条件,在一定程度上决定了智力的开发与发展。这里讲的品质,主要是心理学角度讲的意志品质。意志品质有积极的和消极的,积极的品质有目的性、自觉性、果断性、独立性、自制力、坚韧性、应用性、顽强性和有纪律性等;消极的品质有盲目性、冲动性、脆弱性、顽固性、轻率和优柔寡断等。古人云:自古英雄多磨难,从来纨绔少伟男。吃苦耐劳、敢于拼搏、勤奋刻苦的品质是成才的重要条件。我们说逆境中出人才,并不是说,优越的环境中就出不了人才,现在优越的家庭环境就不利于孩子的智力发展。实事求是地说,现在家教的诸因素有很大的积极作用,是过去家教所无法比拟的,关键是在这优越的条件下如何培养孩子的非智力因素,如何培养孩子的意志、毅力、独立能力、战胜困难的精神。很多家长只知道孩子懒惰,却不分析孩子产生懒惰的原因;知道孩子独立性太差,却不分析孩子依赖性太强的原因。相反,有些家长见不得孩子有一点苦、累、委屈,殊不知,这恰恰助长了孩子的脆弱和依赖性格。意志品质对智力发展的可靠保证,可以归纳为以下三点:意志能保持精神动力的持久性,意志能促成精神动力的行为转化,意志能促进良好学习习惯的形成。

(三)非智力因素影响智力发展的方向、水平、程度

由于人所追求的人生目的不同、内心需要不同、兴趣爱好不同,决定了智力发展的方向、水平、程度的差异。下列事实可以证明这一点,一般来说,班主任所教学科,学生的成绩通常比其他班学生的成绩要理想,接受暗示的同学比没有得到暗示的或不注意接受暗示的同学成绩要理想。这说明情感这一非智力因素对智力发展具有一定的影响。大学生虽然独立性有所增强,但依赖心理依然存在,意志不坚强,可塑性比较强,因此,非智力因素在孩子们身上表现得参差不齐,但有着共同的两个特性:自制力差,缺乏吃苦精神。正是存在着这些不足,大一上学期,学生之间的智力一般来说旗鼓相当。但是孩子的非智力因素不是一成不变的,有的孩子很快适应了新的环境并养成了良好的学习、生活习惯;而有的学生迟迟不能适应新的学习环境,对大学新课程一时难以入门,因此,智力发展水平的差距便慢慢拉开,最后出现两极分化。大学生自我意识的增强,使求知欲带有了明显的倾向性,兴趣、爱好虽然广泛,但开始有所侧重,智力开发方向有所不同了。有些人爱文,有些人爱理,义务教育要求孩子们全面掌握各科基础知识和基本技能,加上人们存在主副科的观念,便产生了数理化学习好则智力好、数理化学不好则智力差的错误观念。这种观念带着情绪施加给孩子,结果是有的孩子精神受压抑,影响其以后的学习和成长。由此我们看到,智力发展是有方向的,这是非智力因素影响的结果,要改变孩子的智力方向,应该从根本上,即从非智力因素着手,千万不能以"笨"定性孩子。

(四)非智力因素可以加速孩子智力开发和发展的进程

有的孩子智力开发早,有的孩子智力开发晚,所以从古到今就有"神童"和"大器晚成"之说。智力开发的早晚与身体先天素质有关,但非智力因素的作用不容忽视。"谦虚使人进步,骄傲使人落后"形象地说明了这一问题。学习目的越明确,自制力越强,兴趣越浓厚,自信心越强,智力发展则越迅速,相反则缓慢,甚至越学越愚笨。我们发现,有些家长不惜重金聘请家庭教师按时对孩子进行辅导,但有的孩子就是顽固不化,于是就得出"不是那块料"的结论。事实上,家长花的钱并没有用在正地方,孩子需要的不是大量

的谷黍，而需要的是耕耘、管理的方法，即孩子需要非智力因素的培养。非智力因素对智力开发的加速作用突出表现在：学生抱负水平高，思想开放，锐意创新，不墨守成规，敢于向权威和传统观念挑战，心胸开阔，性情开朗，不怕失败，从不低头，注意力集中、专一，观察精细，注意把握时机，兴趣广泛，求知欲旺盛等。目前，受大环境的影响，孩子的情感因素太多，易看老师脸色行事，随大流现象普遍，动机需要层次低，性格脆弱，在智力发展上几乎处于被动的地步。因此，对有些孩子来说，非智力因素品质太差的，智力就迟迟开发不出来，特别是几经挫折产生心理障碍的孩子，自信心不足，或者产生自卑感，那么，智力发展就远远落后于同龄同学了。

由此可见，"笨"与"聪明"只在"一念"之间，而这"一念"——内在心理品质，或者说非智力因素是影响智力开发早与晚的重要条件。综上所述，非智力因素在孩子的智力开发和发展过程中起着十分重要的作用，也在学生的成长道路上占有突出的位置。因此，注意对孩子非智力因素的培养与智力因素的培养是同等重要的。

四、培养学生的智力因素和非智力因素

（一）正确引导孩子对新环境的适应能力

大学与高中相比，所学知识的内容更抽象了，学生在高中时起对教师的依赖性已成为现在学习的一大敌人。高中时期学习课程多，作业明确，对学生的基本要求是掌握基础知识，对能力的要求一般不太高。因此，老师要求什么，学生基本能做到什么，学生看老师脸色行事。在大学阶段，不仅要求学生要认真对待老师的指导，而且更重要的是学生必须自觉地建立起一套自己学习的方式、方法并贯彻始终。例如，要求学生建立起自我检查、评定，自我管理、调节的能力，不但自觉地完成作业，而且要能预习、复习、记笔记，不仅善于思考，而且能理解教师与教材的要求，能找出自己的学习问题并能纠正、补救。

总之，在大学第一学期就必须迅速养成一个适应新环境的学习习惯。学习习惯，应做到以下四个方面：第一，有一套适合自己的学习方法始终贯穿于自己的学习过程。由于个性特征不同，学生的学习方法也各不相同，但有一点是相同的，即这种方法必须能够调动自己学习的兴趣点，增强学习的趣味性。因此，老师和家长在平时要注意观察学生学习方法上的兴趣点并加以强化。第二，有一个学习目标作为自己学习进取的精神动力。目标的确立要符合实际，既不要太高，也不要太低。太高会产生可望而不可即的失望感，太低会产生无所谓的轻敌感。目标要不断变化、提高，循序渐进。第三，有一个完善的学习程序能严格遵守。做任何事情都必须有条不紊，学习也不例外。整天手忙脚乱，无章可循，语文没看完，就复习数学，猛然又想起英语没复习好，学习没有头绪，是不会取得优异成绩的。老师和家长应该根据孩子的课程表，指导孩子创设一个学习程序。第四，有一个学习

原则始终贯彻着。如，学习要做到"懂、会、熟"；绝不让今天的作业拖到明天做；绝不放过一个疑难问题过夜等。很多人笼统地教育学生要刻苦、勤奋，可怎么做才是刻苦，怎么做才是勤奋，在学生头脑中是一个模糊的概念。因此，在给学生制定学习原则时，务必具体、形象，并根据学生的学习情况适当更换原则要求。通过对学生学习习惯的培养，使孩子学有所获且身心轻松愉快，既不感到紧张，又不感到太松，从而尽快适应新的学习环境。

（二）培养学生的观察力

观察发现，现在的学生感知虽然敏锐，但有时很粗糙。培养学生的观察力，途径多种多样，但直接与书本挂钩，重要的方法就是检验学生的复习效果。培养学生的观察力，应注意以下原则：目标符合学生的知识结构、知识水平，从易到难，目的明确，要有兴趣，指导学生做好总结。

（三）培养学生的注意力

1. 创造良好的学习环境

在这个问题上，有人强调唯意志论，认为受不受环境干扰是学生意志坚定不坚定的问题，甚至一律论之。但是，干扰的环境是客观的，承认也好，不承认也罢，它总是起着干扰的作用。特别是大学的学生，要求他的意志力特别坚定是不切合实际的。所谓良好的学习环境，主要因素有以下几点：充足的光线（但不要刺眼）、清新的空气、正常的气温、相对的安静。因此，学生的教室或书房布置要简单，不要有太多的装饰悬挂物；不要有与课本无关的其他报刊和书籍等。还要注意学生在上床休息的时候不要让他再看书，实践表明上床休息的时候看书这种行为会产生两种不良后果：一是越看越兴奋，难以入眠；二是翻上几页书，大脑神经产生抑制，于是释书入梦，往后，看书就成了一种催眠剂，这是学习的一大忌，一旦形成捧书即困、阅读就倦的条件反射就麻烦了。

2. 保证身心健康

了解、观察发现，有的学生动不动就生病请假，有的学生上课即困，有的学生早上起不来，有的同学经常感到劳累。凡是有这些现象的学生，学习成绩一般平平，道理很简单，身体不爽、疲劳过度、精力不足，是很难保证集中注意力学习的。因此，一定要让学生做到早睡早起，早上坚持锻炼，饮食要有规律，保证身体健康。

3. 有意识地训练注意能力

如低音量放英语磁带（切忌用耳塞式录音机），或者低声听写语文、英语生字词，给他一段新的内容（与课文有关或者就是课文的内容），要求在短时间内背诵（注意背诵内容做到由简到难，一般不要太长，久而久之，让学生在成就感中培养注意力和记忆力）等。如果学生有音乐方面的爱好，让他熟悉五线谱并持之以恒定会大有益处的。

第三节　创新人才培养的理论研究

创新人才的培养作为教育界公认的21世纪教育目标,已经逐步上升到国家未来发展保障的高度并成为当今世界教育业发展的总趋势。国内的众多学者陆续将此话题作为研究对象加以探讨,冷余生认为,创新人才培养的意义在于,创造是人的本质的最高表现,而教育的本质与功能也正是培养创新人才,尤其是在知识经济时代,赋予了创新人才培养更加特殊的意义。谈到创新型人才培养,应当明确创新型人才的基本特征。洪涛认为,创新人才应包括五个方面的基本素质,即创新意识、创新思维、创新能力、创新情感和创新人格。杨治华和钱军通过对553名大学生进行人格因素测验后发现,创新人才除了自身创新能力的属性,还具有鲜明的个性,即缄默孤独、自主、当机立断、严肃审慎、聪明、敏感、爱幻想等。同时他们还发现创新人才的学习不局限于学校设置的课程,他们更偏向于通过实践的方式来开拓自己的思维。

文丰安认为,高校知识型人才是指接受过系统的专门教育,学历较高,知识水准在一定专业领域内较高的,视野开阔,求知欲强,领悟能力和学习能力强,对于所从事的工作有较深的认识,思维与行动方式与时俱进的群体。高校是知识型人才的主要聚集地之一,其创造力的培养、提高尤为重要。夏鲁惠分析了在创新人才培养过程中需要把握的几个关系,包括:继承与创新的关系、规范与创新的关系、共性与个性的关系、科学教育与人文教育的关系、素质教育与专业教育的关系、教育学的关系六个方面。周笑妮和朱江认为,构建社会主义和谐社会的客观条件之一就是培养具有创新能力的大学生,这也是现阶段高等教育的历史使命。张辉认为创新具有首创性、未来性、变革性、价值性、先进性和效益性,由此他提出创新人才应当具备积极进取的开拓精神、崇高的道德品质和对人类的责任感。

一、培养大学生科学精神与创新能力的意义

(一)科学精神是大学生创新的内在动力

培育大学生具备高尚的科学品质和良好的科学精神是大学生创新意识形成的重要标志。大学生是我国未来的建设者,是社会主义发展的储备力量,科学精神对大学生创新能够形成推动作用,促使他们主动参与学习和思考问题,保证他们具有良好的科研道德素质,能为他们提供精神的助推力。科学精神是科研工作者应具备的高尚品质,重视对科学

精神的培养有利于大学生开拓、创新能力的发展，摆脱老旧思想观念的束缚，摆脱对学术权威的盲目追随。大学生树立起良好的科学精神，能够领会求真求实、开拓创新的真内涵，就能打破思想禁锢的意识，产生勇于实践的动力，敢于和陈旧思想理论做斗争，对科研之路上出现的新事物就能大胆展开想象，主动探索，面对新情况就能用科学的眼光去审视之，而不是一味规避。创新能力的发展不仅需要一定客观条件做支撑，更需要创新的主体——人发挥主观能动性。而科学精神正是一种意识化的、内在的思想驱动力。大学生具备良好的科学精神，就会自主地热爱科学、崇尚真理、对各种新鲜事物有尝试的积极性，这种内在主动意识将推动大学生沿着科学创新的道路走下去，也将会作为习惯秉持。

（二）有助于提高大学生综合素质

科学精神有助于科学思维方式方法的形成。毋庸置疑，科学的思维方法能使人们在科研中正确地审视问题、考虑问题，避免走弯路。坚持培育科学精神，可以提高对是非对错的辨别能力，提高对自我认知的水平及练习和培育勤于思考的习惯，有助于人们产生与社会发展、与时代接轨度较为相近的科学认知和思维习惯。此外，还有利于人们用理性的思维解决难题，改善盲目跟从、盲目崇拜权威的跟风举动，培养崇尚真理、尊重客观规律的优良品格，掌握由浅入深、稳扎稳打的科学方法并把科学的方法与实践相结合，使之被越来越多的人掌握，形成一种风气或是民众力量，能帮助科学实践的顺利完成。

科学精神是促进科学态度、科学习惯养成的精神之气，能为大学生进行科学精神的培育传输巨大精神动力，有助于科研团队凝聚力的发挥。科学精神能形成强大的感召力，促使人们由传统视域向发展转变，改变传统的态度与习惯，学会用科学的思维考虑问题，用科学的眼光审视问题，拥有坚强的意志和坚定的信念而踏上寻求真理的跑道，能够培养人们独立思考的习惯和敢于怀疑权威、勇于批判、开拓创新的探索斗争精神。不仅要把科学精神运用于科学活动中，更可以使其在各个领域积极发现、勇于实践，为科学的永不止步增添动力。科学精神的培育能帮助大学生树立正确的人生观、价值观。

把培养科学精神与人的全面发展相联系、相结合。科学研究的灵魂——求真求实，将毋庸置疑地把正确的人生观、价值观推向前进。具备良好的科学精神能使人的品格变得坚韧不拔，能使人的价值观得到提升。若每个人都能够用科学合理的方式去规划自身，努力求实创新、与时俱进、全面发展，那么他们必将成为优秀之才，满足现代社会对人才的需求。当今社会最缺乏的品质是独立思考、自主创新，而当下国家发展和社会进步最不可或缺的就是独立创新的品质，科学精神的培育有助于大学生在未走上社会之前将独立自主的品质养成，踏上工作岗位之后实现个人与社会、与国家的有效融合，成为社会栋梁之材。建立在创新和自主基础上的人的全面发展，能体现人类文明的精神趋向，具有蓬勃向上的生机。对大学生加强科学精神的培养，有利于他们树立正确的价值观和良好的道德行为准则，用科学的思维和角度去看待科研活动中遇到的道德问题，在科学实践中陶冶情操，促进道德标准的升级，从而拓宽他们的视野，提高对事物的理解能力和改造世界的能力。

（三）为社会培养优秀人才

大学生是未来社会的重要组成分子，他们的思想道德行为将对社会造成很大影响。良好的科学精神能够帮助大学生树立正确的世界观、人生观和价值观，能够激发大学生主动学习科学、热爱科学、为科学事业无私奉献的潜能。加强对大学生弘扬求真务实、开拓创新、理性怀疑和敢于批判的科学精神，使他们充分发挥出自身的主观能动作用，对学习产生热情，不仅能够使大学生充分发挥出自身的优势和特长，为社会所用，还能够使大学生群体自发地为社会主义建设贡献自己的聪明才智。对大学生科学精神的重视和严格要求，能帮助他们形成一种强烈的责任感和敬业精神，形成职业信念和坚定的追求，因此应该发挥学校教育的主阵地作用，抓好大学生科学精神的教育和文化熏陶，就是在为社会培养优秀人才，为社会输送正能量。①

（四）推动社会创新能力提升

自主创新能力体现着一个国家的国际竞争力和抗风险能力，它是社会经济稳步发展的重要保障。作为科学精神根本特征的创新精神，能够引导我们从客观现实中寻求发展的真理，达到主观认识与客观现实相一致；引导人们不断探索发现新思路，揭示发展新规律，从而建立新的发展理论，实现新的发展模式；推动社会不断改革创新。创新能力的提升离不开一批又一批的创新型人才，而创新型人才的培养离不开科学精神的塑造，离不开人们科学素养的普遍提升。可以说，无论哪一类型的创新都需要发扬科学精神，科学精神能够使人自发地去创造、创新，产生新的成果。科学技术的进步与自主创新能力密切相关，离不开自主创新的支撑，然而科学精神又是发展自主创新的精神之源。大学生拥有较高的科学素养，具备顽强的科学精神，能为整个社会创新的发展提供原动力，推动社会创新能力提升，推动社会向前发展、迈进。

（五）有助于用马克思主义的世界观和方法论去认知科学

提升一个国家的国际竞争力离不开发展创新能力。我国的国情是人口数量大，能源资源相对不足，优秀的人才相对较少。在现代知识、信息飞速发展的时代，大学生缺少科学精神，即便学习到丰富的科学知识，也将心灵空虚，甚至精神上会产生迷惘和困扰。无法运用马克思主义的世界观和方法论去认知科学，易受到假思潮和伪观念的影响，从而无法鉴别是非对错，被伪科学的思想蒙蔽双眼。

---

① 梁育科，苟灵生，王兴亮.高等院校内部教学质量保障体系研究与实践[M].西安：西安交通大学出版社，2017.

二、高等学校要培养高素质的创新人才

制定创新型人才培养对策，首先应明确当前我国创新型人才培养道路上的障碍。王伟和余际从认为，和美国等发达国家相比，我国的创新型人才培养进程主要受到传统思想、不健全的激励创新培养制度、相关条件未达到应有水平等因素的制约。洪涛认为，目前我国进行创新人才培养最大的障碍在于传统思想束缚和培养手段不科学，针对这两点，他提出通过转变教育观念、教育教学过程与方式改革、加强师资队伍建设和营造创新育人环境等途径来建设我国创新人才培养的科学途径。杨治华和钱军认为，要培养创新型人才，应把"发展知识"作为知识创新体系的核心，只有如此，才能激发人才的创新热情，将创新这一特征变为人才的自身需求。高宁认为，要促进创新人才培养，必须坚持素质教育，从树立科学的人才观、开展素质教育、完善创新人才培养体系三个方面统筹地推进创新型人才培养工作。

周笑妮和朱江认为，创新型人才培养需要转变当前创新教育能力的观念，创新高等学校人才培养模式，将创新精神作为办学宗旨和校风来指导校园建设。郑秋菊认为，要实现创新型人才培养，需要实行以问题为主线的教学，培养学生的学习兴趣，引导学生善于综合多门课程的知识并实现转化，鼓励学生有意识地突破前人的束缚。杨玉荣认为，高校教学应转变传统的教学观念并提出研究型教学，以此推进创新型人才培养，具体来说就是鼓励和要求学生参加科学研究和国际竞赛，在教学的全过程中引入创新理念，从师资配备、教学过程、学生文化引领等方面营造创新环境。胡轩魁等通过分析国内五所高校创新型人才培养模式的实践，认为只有更新人才培养观念，才能从根源上真正实现创新人才培养，人才培养模式陈旧不变，就无法培养拔尖创新人才；高校要以更新教育理念为先导，创新人才培养模式，才能获得突破性进展；围绕各类创新人才的培养，推进我国高等教育改革与发展，是当前我们所面临的任务。

高等学校作为培养人才和创造知识的机构，本来就担负着知识创新的使命，但是，在传统的经济社会发展中，技术进步和知识更新的速度缓慢，人们习惯于用已有的知识解决现实存在的各种问题，于是高等教育就形成了以继承性教育为主的传统教育模式。在教学活动中，传统教育是以教学内容的稳定和单一为基本出发点，以知识的记忆和复现为基本目标，强调对已有知识的记忆，把掌握知识本身作为教学的目的，把教学过程看作知识的积累过程，以掌握知识的数量和精确程度作为评价教学质量和学习质量的标准。总之，传统教育是单纯的继承性教育。

这种教育不利于培养学生的创新精神和创造能力。知识经济对人才的要求在内涵、规格、模式诸方面都将发生深刻的变化，创新是对人才素质的核心要求，我们要在继承性教育的基础上，加强创新教育，树立起新的教育观。新的教育观认为，要在很好地传授和学习已有知识的基础上，注意培养实现知识创新、技术创新、管理创新的能力，在教学中强

调发现知识的过程，强调解决问题的方法，培养探索精神；要在适度掌握知识的数量和精确程度的基础上，更加注重从创新能力和提高素质上衡量教育质量；要在学习知识的过程中更加注重训练思维能力，认识学科本质，掌握学习方法；要在强调学生的全面发展的同时，也要特别注意学生的个性发展；要在重视专业知识学习的同时，也要重视基础知识和人文知识的学习。只有确立了新的教育观，创新人才培养才有明确的思想保证。从继承性教育向创新性教育转变，应成为高等教育变革的世纪性课题。

第六章 高校创新人才培养模式构建

第一节 培养与创新人才培养模式

一、人才培养模式概述

（一）人才培养模式含义

为了准确、客观地界定人才培养模式，有必要从分析"模式"和"人才培养"的内涵、"人才培养模式的特点"入手，把握这一概念。首先，何谓模式？在汉语中，"模"的基本含义是"法"，《说文解字》对模的解释是："模，法也。""法"指借助一定的工具（模具、方法）来制造物品。在中国古代，因制作材料的不同，又将"模"分为不同的种类，《中文大辞典》称："以木曰模，以金曰镕，以土曰型，以竹曰范，皆法也。"随着语言的发展，"模"在"法"这一基本含义的基础上又产生了一些引申义。《词源》称："模"的意义有三：模型、规范；模范、楷式；模仿、效法。因此，从词性来看，"模"兼有名词和动词的词性；从词义来看，"模"既可以是制作产品的方法，也可以是充当标准的事物，但强调的是事物的型、范或式，即结构。"式"指的是样式、形式。《现代汉语词典》认为"模式"的基本含义是：某种事物的标准形式或使人可以照着做的标准样式。

《辞海》对模式的解释是：可以作为范本、模本、变本的式样。从以上辞典给出的释义来看，模式一词含有两方面的含义，其一是模型或样式，尤其着重于事物的结构；其二是方法或操作标准，即能够让人按照一定的标准进行模仿或复制。在软科学中，模式是指在一定的思想指导下建立起来的由若干要素构成的，具有形态构造功能和实践指导功能及可仿效性等特征的，某种活动的理论模型与操作式样。模式并不能简单归于内容与形式范畴或目的与结果范畴，而是属于过程范畴。因此，人才培养模式是一种对于培养过程的设计、建构和管理，它是关于人才培养过程质态的总体性表述。其次，何为"人才培养"？

在高等教育的语境和现实中，人才培养必须解决好七大问题：一是教育理念的确立；二是人才培养目标的设定；三是人才培养对象的筛选；四是人才培养主体的开发；五是人才培养途径的选择；六是人才培养过程的优化；七是人才培养制度的保障。

在高校人才培养活动中，高校是培养活动的设计主体，院系所是组织主体，教师和导师是实施主体，教学管理者是管理主体。培养对象是培养主体施加教育教学影响的对象，即"培养谁"。相对于培养主体，大学生是培养活动的对象和客体。但在培养活动中，大学生既是客体又是自身发展的主体，因为教育者施加的外在的教育影响只有通过大学生积极主动的内化和外化，才能变成大学生内在的知识、能力、品格等素养。培养途径是指"借助什么载体"或"通过什么方式"来培养人才，如课程教学、学术交流、试验实践等。培养模式（亦即培养过程）的含义则是指"按照什么样子"去实现人才培养目标，如课程如何安排、教学采用何种方式、导师指导什么、如何考试等以及如何对这些环节进行调配等问题。因此，培养模式是一种对于培养过程的设计与建构，强调的是认识与实践活动的过程形态。人才培养制度重点描述的是培养主体与培养对象之间的权利—义务关系，是整个人才培养活动的行为规范与资源保障机制，解决的是"用哪些制度来保障人才培养"的问题。

（二）人才培养模式创新的制约因素及困惑

目前，我国高校的人才培养模式已不能适应社会的发展，难以培养创新创业型人才，亟待改革。但是，改革的进程却又面临着诸多束缚、制约及困境。

1. 理念的束缚

人才培养模式是教育思想的具体化。只有在一定的教育思想指导下，人才培养模式才有意义，甚至可以说才有人才培养模式可言。否则，就只能是一些教育要素毫无章法的拼凑。在高等学校中，教育思想表现为"大学的理念"。大学理念对人才培养模式的制约、束缚主要表现在三个方面。

第一，计划经济时代所形成的办学理念的惯性束缚。20 世纪 70 年代前相当长的一段时期内，我国逐渐形成了一个与计划经济相适应的政府直接管理、封闭与集中统一的高等教育体制。在这样的体制中，高校没有自主性可言，按照政府的规定办学，难以形成自身的理念。当前，我国高校已经有了相当大的自主权，制度已有变化，但思想却依然表现出极大的惯性和惰性，一些高校只是重视硬件建设而忽视软件建设，重视规模扩大而忽略理念提升，没有探索和形成自己的办学理念，以至于跟风似的人云亦云。

第二，适应社会发展的新兴办学理念缺位。现代社会，科技革新更加迅猛，全球化更加明显……身处这样的社会中，高校需进行相应的变革，需要调整人才培养模式，以突出人才的国际视野、信息素养、学习能力及全面素质。但是，不少高校却没有及时变革自我，特别是在理念层面。目前高等教育领域还没有形成学术自由、国际化、通识教育等理念。而多样化、以人为本、终身学习等理念，则基本上停留在学界，还没有被高校很好地付诸实施。

第三，缺乏对高校教学整体改革的理性思考。长期以来，高校缺乏战略思考，缺乏对人才培养模式的顶层设计。大学到底培养什么样的人才，怎样去培养这样的人才，没有很好地、系统地进行思考。高校似乎在忙忙碌碌办学，但真正如何办学，如何育人，育人的体系如何建立健全，如何真正引导教师的长远发展并以教师的创新带动学生的创新，如何真正满足师生的旨趣，这些问题都没有去进行认真的规划设计。现在形成了一个怪圈，受评价、资源因素的影响太大，高校围着政府转、教师围着领导转等怪现象愈演愈烈，反倒把真正的育人根本任务置于不起眼的位置。

由于理念的制约和困惑，各高校的人才培养模式或者呈现出趋同化，没有与自身的条件、定位相结合，或者纷纷把各种"好的"词汇都拉进来，进而组合成所谓的人才培养模式，显得毫无主导思想，甚至各种思想之间还是相互冲突的。这样的人才培养模式只能是一些被悬置的装饰，而不可能被很好地付诸实施。

2. 制度的羁绊

人才培养模式创新的一个重要制约是制度，这主要表现在两个方面。

一是学校内部权力的失衡与错位。随着办学自主权的扩大，高校已经有了较大的权力。可是，高校内部却存在行政权力与学术权力的不平衡。目前多数高校依然按照行政管理的思维和模式管理大学，按照行政组织的结构设计大学的内部构造。学校多数事务也都由"行政部门"进行管理，各教学单位基本上都是在遵循行政部门的安排和要求运行。行政权力还通过隐蔽的方式，戴着面纱以虚化学术权力。如我国大学，像西方大学一样，也成立了校级学术委员会，以决定学校的学术事务。可是，其组成人员多数是学校、院系以及职能部门的负责人，很少有"布衣教授"参与，他们更多的是从行政的角度考虑问题，而忽视了学术考量，虚置了学术权力。人才培养模式的改革是一项重要的学术事务，需要教师的积极参与。但是，学术权力的缺失，阻碍了教师主动性、积极性的发挥，没有教师的积极参与，人才培养模式改革创新只能流于形式。

二是高校评估制度不完善。对教学和科研的评价失衡，对科研的评价具体、实在，而对教学的评价则空洞、不具体。目前，我国对于高校的评估以政府主导的行政性评估为主。行政性评估中影响最大的莫过于学科评估及本科教学工作水平评估。但基本上与教学模式的改进无多大相关；对于"真正的教学"的评价指标则不具体，对改善大学内部教学的影响有限。另外，教学评价还存在单一化、数量化的倾向，忽视了教学特色、个性化教育教学模式的评估。学术权力的不足弱化了教师改革人才培养模式的动力和能力。高校评估制度的单一化，使得高校容易采取趋同的人才培养模式，评估的数量化则导致各校普遍重视科研，而忽视难以测量的教学，更容易忽视人才培养模式的改革与创新。

3. 资源的约束

虽然近年来国家一直在大力推动人才培养模式的改革，也有不少的高校提出了诸多新的培养模式，可是，它们通常陷入表面化、口号化，或者仅仅是培养模式要素的局部改变，而不是整体变革。这与人们对于培养模式理解的偏差有关，与制度的束缚有关，同时也与教育资源的匮乏相关，表现为教育经费不足。教学改革需要相应的经费保障，但高等教育大众化以后，教育经费严重不足。

自1998年始，我国高等教育大规模扩招，高校规模迅速膨胀，而高校所能获取的资源却没有得到相应的改善，以至于高校普遍负债运行。即使获得了一些贷款，也主要用来购置校园、修建"大楼"、增添设备，而用于人才培养模式改革上的经费则很少。还表现为师资建设较弱。目前，我国高校师资队伍存在的一大问题是，受思想观念和评价体系的影响与制约，教师真正投入教学、潜心教学改革、真正研究教育教学这门"大学问"的不多。教师没有从事人才培养模式改革的外动力和内驱力。从外部来讲，学校对教师的考核重显性成果，科研硬指标，教学软指标。科研成果容易测量，产出也立竿见影，而教学的好坏则难以评价，况且育人的周期本身就长，人才要真正到社会上发挥作用也不是短期内能见效，而且还会受到很多动态因素的影响。这导致教师觉得教学改革的推动似乎应该是高校领导的事，是教务处、人事处的事，自己没有能力推动教学改革，投入与回报也不成比例，得不偿失。从内驱力来讲，教师似乎对教学没有足够的热情，教学成了例行公事，而不是自己神圣的职责。做不做改革，是不是真正为了学生的全面发展，好像激励与约束的机制都失效、失灵了。所以，教师能上课堂、能讲课好像都了不起了，至于认真研究学生、研究教学问题，从学生内心深处的需求出发，注重他们的兴趣、爱好、特长、个性发展则似乎是一种奢望。也表现为课程资源不足。课程是人才培养的核心要素，是人才成长的载体。人才培养模式的改革要以优质、丰富的课程资源为基本条件。可是我国高校的课程却存在严重的不足。资源不足对于我国当前人才培养模式的创新，是一个极大的限制。①

二、人才培养模式改革的出路

人才培养模式的创新，虽然与政府的评价及社会其他因素有很大关系，需要政府与社会做出相应的改变，但是，最根本的出路还在于高校自身的努力，高校应勇于和善于承担起教学改革、人才培养模式创新的主体性责任。

---

① 江涛.高校"第二课堂"创新型人才培养研究——以江西财经大学"信毅实践班"为例[D].南昌：江西财经大学，2018.

（一）树立以学生为本的核心理念，做好顶层设计

人才培养模式的创新，要树立以学生为本的核心理念，从学生的需要出发，一切为了学生并以此为最高追求，做好顶层设计，整体建构人才培养模式。以学生为本，就要以学生发展为着眼点，遵循人才成长的规律，研究人才成长的条件，改善教育条件与教育环境。人才成长需要一定的条件，包括有效的创造实践、内外因综合效应、共生效应等。这涉及一系列复杂的因素，如活动与环境、竞争与合作、期望与激励等。高校要重视对这些复杂因素的研究，在此基础上，改善教育条件，创设理想的教育环境，研究人才成长的过程，采用科学的教育方法。人才的成长是分阶段的，各阶段的主要任务不同，其培养方法也不同。人的发展除了具有阶段性之外，各类型人才、各层次人才的最佳发展年龄也是不一样的，人的各项素质的发展都有自己的关键期等。在教育过程中，高校要深入探索人才成长的这些规律，使人才培养有科学的依据。

（二）建立多方协商的机制，形成理想的人才培养模式

目前，我国高校人才培养模式的形成并不是多方协商的结果，政府以及学校行政权力影响过大，而教师、学生及社会组织没有机会参与。形成理想的人才培养模式则须建立社会、教师及学生和高校多方协商的机制，确立以社会需求为导向的方向性。现代大学已经走出象牙塔而融入了社会，已经从社会的边缘走向社会中心。身处社会中心的高校，必然要采取一种"社会需求导向"的发展模式，改变社会在人才培养模式形成过程中缺位的现象。这就需要完善我国社会用人需求的信息系统，因为"我国人才市场反映高校毕业生供给与社会用人需求的管理信息系统十分薄弱，统计指标与数据长期处于粗放状态"。对于高校而言，则要主动地联系行业组织、地方政府、社会中介等，获取相关的社会需求信息并及时把社会需求的预测反映到人才培养模式中。

确立教师在人才培养模式创新中的主导地位。教师是人才培养的主体，理应是人才培养模式决策与设计的重要参与者。可是，目前高校的人才培养模式基本上是由学校教学指导委员会领导、教务处统筹规划、各院系教学领导具体设计的，教师在人才培养模式的制定中通常没有机会参与，而只是人才培养模式的执行者。要改变这种自上而下的路径，确立教师的重要地位。在人才培养模式形成的过程中，学校可以在考察社会需求的基础上，征求教师的建议，也可以由教师在实践的基础上提出人才培养模式改革的设想，学校加以汇总并对照社会需求，形成较为合适的模式。赋予学生改革的话语权。传统的观点认为，学生是高等学校智力不成熟的过客，不能参与学校事务的管理。可是，学生是人才培养的对象，是学校的"产品"，而这种"产品"是自己生产自己。学生应该对人才培养模式有自己的评价权、选择权。高校在制定人才培养模式的过程中，要通过问卷调查等方式，让学生发表自己的看法，赋予他们在人才培养模式形成上的话语权。在对学生充分了解的基

础上,注重个性化培养模式的制定。在人才培养模式实施一段时间之后,更要调查一下毕业生对它的评价,使得人才培养模式的改革有坚实的基础。通过建立多方协商的机制,各方的利益都能得以表达,所培养的人才也就更接近于人们的期望,人才培养模式也就较为理想了。

三、模式的方法论

模式,其实就是解决某一类问题的方法论,它能够提供一系列原则性的规定、法则以及方法,这些规定、法则和方法既符合事物的客观规律,又符合人们的行为准则,能够指引人们更加高效、顺利地解决某类问题,是一个高度抽象的概念。我国学者查有梁先生从科学方法论的层次,对模式做了较为全面的定性描述,他认为:"模式是一种重要的科学操作与科学思维方法。它是为解决特定的问题,在一定的抽象、简化、假设条件下,再现原型客体的某种本质特性。它是作为中介,从而更好地认识和改造原型、构建新型客体的一种科学方法。从实践出发,经概括、归纳、综合,可以提出各种模式,模式一经被证实,即有可能形成理论;也可以从理论出发,经类比、演绎、分析,提出各种模式,从而促进实践发展。模式是客观实物的相似模拟(实物模型),是真实世界的抽象描写(数学模式),是思想观念的形象显示(图像模式和语义模式)。"显然,在他的描述中,模式不仅有词典中所解释的含义,而且还是一种科学操作和科学思维的方法,是一种解决问题的思维方法,是处于实践和理论之间的中介方法。模式既不等同于理论,也不等同于实践,但它是沟通理论与实践之间的中介与桥梁,介于理论与实践之间,与理论和实践密切相关。模式亦称"范式",在社会学中,是指研究自然现象或社会现象的理论图式和解释方案,同时也是一种思想体系和思维方式。在教育领域中,从宏观调控的需求考虑,我们同样追求一种求同存异的"范式"指导。

四、模式不同领域的理解

我国学术界的一些理解:"所谓模式是依据一定的理论基础表征活动和过程的一种模型或形式。一种模式蕴含着一定的理论倾向,代表某种活动结构或过程的范型,一般通过数学、图文或文字的形式,以一种简洁的形式再现活动的结构和操作程序""模式是一种问题解决的思维方法。"美国著名的比较政治学学者比尔和哈德雷夫(Bill&hadraf)在研究了一般模式后做出如下定义:"模式是再现现实的一种理论性的、简化的形式。"

综合看来,模式的语义是可供人模仿的样子,它抓住了事物的主要矛盾,体现了事物的本质和一般特点的基本结构;它舍弃了事物的细节,反映了事物的基本特征。它上秉抽象理论,下承具体实践,是将理论转化为实践的中间环节,其中介作用一方面表现在将实践经验抽象概括为理论的雏形;另一方面表现在根据一定的理论提出假设,设定相应的活动条件和操作程序,以指导实践,是处于理论和实践经验之间的中介,充当理论与实践之间的桥梁。

因为模式具有这种联系理论与实践的功能,所以只要是针对解决问题的思维方法都可以用模式论方法加以研究。建立模式是缘起于解决特定的问题,问题得到解决是建立模式的目的。所以建模不是目的,而是手段,目的是针对性地解决问题。

第二节 创新人才培养的主要理论基础

一、创新创业教育改革是时代的需求

(一)创新驱动是大势所趋

全球新一轮科技变革、产业变革席卷而来,以云计算、"互联网+"为代表的信息、能源、材料、生物、环保等领域技术不断取得激动人心的突破。科学探索在从微观到宏观的各个尺度上向纵深拓展,以智能、绿色、泛在为特征的群体技术变革将引发国际产业分工的重大调整,颠覆性技术的不断涌现也催生了新的制造模式和商业模式。因此,创新驱动成为许多国家谋求竞争优势的核心战略。由于世界经济复苏乏力,中国经济面临转型之困,再加之由来已久的"made in China"的低端仿造山寨之风,中国长期在世界工厂中扮演着"打工者"的角色,获取的市场份额与付出的高额劳动并不相符。"创新是一个民族进步的灵魂,是一个国家兴旺发达的不竭动力。"创新的重要性不言而喻。顺应这一潮流,我们只有加快创新和建设创新型国家,才能扎实推进经济转型升级和提质增效,抢占国际竞争的战略制高点。

(二)"中国梦"与"两个百年"目标

2012年11月9日,习近平总书记在国家博物馆参观"复兴之路"展览后提出,"实现中华民族伟大复兴,就是中华民族近代以来最伟大的梦想!"在第十二届人大会议上,习近平总书记号召人们:"生活在我们伟大祖国和伟大时代的中国人民,共同享有人生出彩的机会,共同享有梦想成真的机会,共同享有同祖国和时代一起成长与进步的机会。""中国梦"的提出是新一代领导人的政治宣言,是中国人民家国情怀的诗意表达,是中华民族伟大复兴的宏伟蓝图。现代大学生与"中国梦"有不可分离的关系,更应该不断完善自己,为实现"中国梦"和助推中国发展做出贡献。"中国梦"的核心目标也可以概括为

"两个百年"的奋斗目标,也就是到2021年中国共产党成立100周年和2049年中华人民共和国成立100周年时,逐步并最终顺利实现中华民族的伟大复兴,具体表现是国家富强、民族振兴、人民幸福,实现途径是走中国特色的社会主义道路、坚持中国特色社会主义理论体系、弘扬民族精神、凝聚中国力量,实施手段是政治、经济、文化、社会、生态文明五位一体建设。"中国梦"的"两个百年"目标可具体划分为复兴的三个台阶和六化建设。①

二、创新驱动发展战略与经济新常态

(一)创新驱动发展战略

实施创新驱动发展战略,将科技创新摆在国家发展全局的核心位置,实现到2020年进入创新型国家行列的目标,必须充分认识实施创新驱动发展战略的重大意义,抓住重点,形成合力。实施创新驱动发展战略,对我国形成国际竞争新优势、增强发展的长期动力具有战略意义。20世纪70年代至今,我国经济的快速发展主要源于发挥了劳动力和资源环境的低成本优势,而进入发展新阶段后,我国在国际上的低成本优势逐渐消失。与低成本优势相比,技术创新具有不易模仿、附加值高等突出特点,由此建立的创新优势持续时间长、竞争力强。因此,实施创新驱动发展战略,加快实现由低成本优势向创新优势的转换,可以为我国的持续发展提供强大动力。实施创新驱动发展战略,对我国提高经济增长的质量和效益、加快转变经济发展方式具有现实意义。科技创新具有乘数效应,不仅可以直接转化为现实生产力,而且可以通过科技的渗透作用放大各生产要素的生产力,提高社会整体生产力水平。实施创新驱动发展战略,对降低资源能源消耗、改善生态环境、建设美丽中国具有长远意义。加快产业技术创新,用高新技术和先进实用技术改造、提升传统产业,既可以降低消耗,减少污染,改变过度消耗资源、污染环境的发展模式,又可以提升产业竞争力。

(二)经济新常态

所谓经济的常态,是一个经济体运行的经常性状态或稳定性状态。显然,这里隐含了一个时期或阶段的概念,即经济的常态应该是一个经济体在某一特定时期或阶段内运行的经常性状态或稳定性状态。依此定义,经济新常态由于有一个"新"字,那就一定是相对于上个时期或阶段经济运行的状态而言的,或者是相对于历史时期或阶段经济运行的状态而言。人类社会经济的发展受到诸多因素的影响,这些因素不仅在维度上难以穷尽,而且在内涵或形式上也无法完全控制或重复,即人类社会经济发展的历史不可能简单重复。

---

① 张冠蓉.高校创新创业人才培养的协同机制研究[D].太原:山西大学,2017.

从这个意义上说，有别于上个时期或阶段的经济运行状态一旦趋于稳定并可以维持一段时间，那就是经济运行的新常态。经济新常态，着眼于经济结构的对称态及在对称态基础上的可持续发展，而不仅仅是 GDP（国内生产总值）、人均 GDP 的增长与经济规模的最大化。经济新常态就是用增长促发展，用发展促增长。这是一种具有趋势性且不可逆的发展状态，意味着中国经济已进入一个与过去 30 多年高速增长期不同的新阶段。习近平总书记在 2014 年 5 月考察河南时指出："中国发展仍处于重要战略机遇期，我们要增强信心，从当前中国经济发展的阶段性特征出发，适应新常态，保持战略上的平常心态。"

第三节　相关理论与我国高校创新人才培养

一、创新人才早期培养的界定

美国学者本杰明·布鲁姆（Benjamin Bloom）指出，根据 17 岁青少年所测得的智力来看，大约 50% 的智力是在 4 岁以前获得的，30% 是在 4~8 岁获得的，大约 20% 是在 8~17 岁获得的。日本教育家、心理学家乾有根据大脑生长发育的特点，提出了创新人才培养的三个不同时期：一是启蒙时期（3~9 岁），是创造力培养的基础阶段；二是发展期（9~22 岁），这是培养创造型人才的关键时期；三是结实期（22~28 岁的硕士、博士生），这是培养创造力的黄金时期。

然而，创新能力不是任何时候都可以自发地表现出来，随时随地进行创新发明。要想充分发挥个人的创新能力就必须通过专门的素质训练和教育。国内外的一些培训班和实验充分证明创新能力是可以培养和提高的。在国内，张景焕先生在山东进行了"开设创造活动课，开发儿童创造力"的实验研究。实验结果表明，经过专门的培养，少年儿童的创造力水平、创新思维、创新态度以及对知识的学习能力都有所提高。而在日本的一家钢铁厂就创新能力的开发对人才培养的作用做了对比实验。以同时进厂的 12 名高中生和 12 名大学生做对比组，对 12 名高中生进行每周一天的创新能力培训，而对大学生则不做任何培训。结果，半年后高中组就可以大搞发明创造，实习期满就已申报专利 70 多项。而大学组则没有什么创新成果。由此可见，创新能力是人的一大潜能，可以通过教育得到培养和提高。创新能力具有极大的开发空间，尤其是少年儿童处于智力和非智力的高度发展期，是创新能力开发的关键时期。

根据以上观点，基础教育阶段（包括学前教育阶段）跨度长达十数年时间，包含创新人才成长的两个时期，在创新人才培养方面比起其他教育阶段，具有很大的重要性。因此，创新能力的培养应该从少年儿童抓起，重视中小学生的创新能力培养，而且让每一位少年儿童的创新能力都得到发展是教育的重要使命。

按照我国法律和联合国《儿童权利公约》的规定，18岁以下未成年人是处于身心发展期的特定群体。此界定一是按照年龄划分群体；二是未成年人群体身心发展有其特有的规律和特点；三是未成年人群体享有系列法定权利，在实施校外教育和创新人才培养中要给以充分关注、体现和保护；四是针对未成年人群体的校外基地、标准及创新培养有其特定属性和内涵。

二、创新人才培养模式的内涵

我国对创新人才培养模式的内涵定义，最早是由陈厚丰等人总结得出的，他们认为："创新型人才培养模式是指在现代大学人才培养理念的指导下，以获取知识为基础，以开发智能为手段，以发展创新能力为核心，以提高综合素质为目标的大学人才培养范型。"随着教育的发展和研究的深入，蔡炎斌对创新人才培养模式做了进一步的解释，他认为："所谓创新人才培养模式，是指在新的教育思想和新的教育理论指导下，以培养具有创新能力的全面发展复合型人才为基本取向的教育教学内容和方法体系的总称。"在我国全面实施素质教育的时期，我们强调要促使中小学生的个性自由充分地发展成为可能，以激发其兴趣爱好、好奇心，实现各类人才的多元发展。而由于历史传统、文化氛围、学校自身体制的限制等多方面因素的影响，学校通常更擅长文化知识的教授，而培养学生社会实践能力的教育功能发挥不足，容易造成学生强于文化知识的学习，而学习能力、实践能力较弱的片面发展。随着素质教育的深入发展，学校教育的这种局限性越来越明显，在创新人才多元培养方面，压力越来越大。校外教育的特点决定了校外教育通过与学校的有效衔接，才有可能实现创新人才的多元培养。中华人民共和国的校外教育先后经历了兴建、恢复、发展几个历史时期，经过这几十年的发展，校外教育取得了一定的成就。但是，目前我国校外教育社会实践教育功能作用还有待进一步深入探索和研究，主要的表现：一是校外教育基地结构不合理；二是活动内容不充实；三是组织模式不通畅；四是校外基地功能未整合。

因此，我们可以看到，为充分满足少年儿童的创新基础——兴趣、爱好和好奇心以及个性的全面发展，必须探索创新人才早期培养的多元发展模式。随着素质教育的深入推行，学校教育在创新人才培养方面的局限性越来越明显，压力越来越大；校外教育依据自身的独特性，有可能通过与学校教育的有效衔接，实现创新人才的早期培养。[①]

---

① 孙英梅，栗红侠，侯英杰. 高校实践育人与创新人才培养 [M]. 沈阳：东北大学出版社，2016.

三、创新人才早期培养模式的构成要素

（一）社会资源支持

北京市教育大会做出了"北京市要率先基本实现教育现代化的决定"，其中明确指出"实施首都教育发展战略必须坚持资源统筹、开发创新的方针"。现阶段由于北京市区域教育资源发展的不平衡，直接对教育均衡化的实现产生了很大的挑战。一方面，各区间的教师资源、设备资源、校舍资源等的发展和共享存在很多障碍，地处北京市的大量博物馆、图书馆、植物园、专业学会等优势资源未能得到很好的开发和利用；另一方面，学校课程资源的匮乏与新课程改革对课程资源的需求矛盾突出。很多学校为满足教师和学生的需求，自行开发课程资源，面临着社会支持少、重复资源浪费等突出问题。因此，社会资源的支持至关重要。值得借鉴的一个例子是美国芝加哥植物园作为一个社会部门，由于其开展了适合各个年龄段孩子的教育项目，颇受欢迎并赢得了社会各界的支持，其对于我国社会教育资源的开发和利用具有较大借鉴作用。

（二）学校创新管理

高校管理要适应知识经济时代的需要，就要抓住机遇、提出新思路、发现新情况、解决新问题，实行创新型管理。创新管理是未来高校兴旺发达的不竭动力。

1. "管""理"并举

管的强制与理的疏导必须辩证共存于一个统一体中，二者的和谐正是管理者所要达到的境界。"管"与"理"的两大基本职能是控制与协调，控制旨在约束行为、形成规范，依靠的是权力、制度等刚性力量；协调旨在理顺关系、形成合力，依靠的是讲道理、动感情等柔性力量。因此，在管理中关键是要尊重客观规律，把管与理、控制与协调有机结合起来。"管"要依法为管，管而有度；"理"要依情为理，理而有节。"理"顺关系，"理"清职责，"理"和气氛，"理"畅情绪，使每一个人的主观能动性都能得到充分发挥，学校形成既有规章的严肃，又有人情的温馨，还有个人心情舒畅的生动活泼的工作局面。管理创新，要求校长主持学校工作要统揽而不包揽、果断而不武断、参与而不干预，全面负责，授权、分工，做到层层负责，形成以校长为核心的结构严密的系统，使各层次、各职能部门既相互联系，相互制约，又保持相对独立，各尽其责，各显其能。

2. 学校教育管理：正常、高效运行管理制度

人才培养作为学校管理的主要任务之一，学校管理的好坏直接影响着人才培养的质量的提高与否。因此，我们应保障学校管理的正常、高效运行。一方面要做到落实好学校的管理制度，管理制度是学校稳步、有序运行的重要保障；另一方面，抓住人才培养管理中的主要环节，即高度重视教师与学生的管理，不只是看教师所带班的升学率以及学生的名

次等，做到全方位地考察教师的教学、学生的能力等方面，确保学校内部之间的公平竞争，从而促进学校整体水平的提高。因此，在学校管理中，我们应重视以培养学生的创新能力为出发点，应重视在管理中给学生足够的时间和空间保证，这是学生创造力发挥的前提。在我国大部分地区，仍有许多学校在上课课时安排上不合理，学生课间休息时间短，课程安排紧，根本没有时间来消化、吸收已经学到的东西，也得不到充分的放松，对接下来的课程学习也产生了影响，长此以往，学生们逐渐开始机械接受老师的知识。另外，教室的布局也非常不利于学生创造力的发挥。学校应改变以往束缚学生创造力发挥的制度等。比如，一些考试评价制度，完全按照考试成绩来评价学生，使教师和学生产生较大压力，整天将重心放在提高分数的行为上，忽视了创造力的提高。

3. 以人为本

学校管理从根本上说主要是对人的管理，管理过程就是对人的主观能动性的组织与管理过程，本质是调动人的积极性。管理过程创新，必须坚持"三先"原则：管事先管人，管人先管心，管心先知心。要充分调动每一位职工的工作积极性，第一必须调查、了解、研究每一个职工，知其所需、所想、所好、所恶、所做并在了解职工个体的基础上进行综合分析，得出集体的情况，做到既见树木，又见森林。了解职工，才能结合当前改革新形势和职工个人思想实际，接触敏感性问题。第二，要充分信任职工。要相信每一位职工都有一颗火热的心，都有一种高尚的理想追求，都有一种强烈的实现自己人生价值的愿望。学校中层以上干部都应该以多种方式去激励职工且做到"颂善于公堂，规过于密室"。同时运用"希望理论"让每一位职工都清醒地认识到，学校是大家的学校，事业是共同的事业，校兴则我兴，校荣我更荣，提高素质适应形势是大势所趋、是大政所需也是自己大展所需。

4. 梳理感化

相关调查认为，通常管理不力的根本原因是思想落后、方法陈旧，只读会议决定、社论等。要变上面讲下面听为群众讨论，采取先学习后讨论的办法，集思广益。也可针对某一热点问题展开专题讨论，活跃交流气氛，变"行云流水"为"步步为营"，将较多的现实问题分为若干专题分次讲解，每次围绕一个具体的问题重点疏导，既有兴趣又能解决实际问题，还有连续性。管理者的根本职责在于为被管理者创造一种发挥主观能动性的环境和条件，始终营造一种互相信任、互相支持、宽松和谐的人际关系。

第七章　高等学校创新人才培养的任务

第一节　营造良好的文化环境

一、探讨校园文化的两个基本着眼点

校园文化的概念是校园文化领域中的一个基本要素。对校园文化概念的界定，是一个自此概念诞生之初就一直为众多研究者所关注的问题，同时也是一个在认识、理解上分歧较多，至今未能得到统一的问题。这种分歧，一方面反映出在校园文化建设实践中，人们认识的丰富性、多样性和不确定性，这无疑会有助于推动校园文化理论研究的不断深化和建设实践的不断深入；另一方面，存在的分歧也说明人们对于校园文化的理论研究亟待升华，以便更好地用较为成熟的理论来指导校园文化建设的实践。

作为学科建设和理论探讨之需要，出现对校园文化概念的不同认识，应属正常现象。然而从工作实践的角度，尤其是开展校园文化建设的角度来看，需要我们对校园文化的概念有一科学的界定，换言之，需要对校园文化有一个科学的定位。否则，校园文化建设将无所遵循，校园文化作为德育的重要途径也将是一句空话。从育人的角度审视校园文化，进一步认识校园文化建设在高校德育中的位置；从广义的角度界定校园文化，更好地发掘校园文化的德育功能，应该是我们对校园文化概念进行探讨的两个基本着眼点。

（一）从育人的角度认识校园文化建设的重要性

学校教育的根本任务是育人。校园文化是产生和发展在学校教育环境中的一种文化现象，所以，校园文化必然具备强烈的教育功能。同时，教育的实质就是利用文化的影响使对象达到目标的社会活动。校园文化可以在教育情景中，即在育人过程中淋漓尽致地表现出它的功能和作用。然而，在实际工作中，一些学校的领导或教师缺乏对校园文化之教育功能的深刻认识，不能够从育人的角度看待校园文化建设的重要性，认为校园文化无非是

群众娱乐活动，由学校的学团部门组织一下就行了。这种认识的结果导致他们对校园文化建设重视不够，工作领导不力，忽视校园文化在学生成长方面的作用，造成学校教育体制上的缺陷；满足于一个整体划一的目标，缺少对学生特长及创造能力的培养；重视第一课堂的理论教学，忽视第二课堂的实践作用；侧重专业知识的传授，缺少对学生全面发展的教育和指导，如素养的提高、道德的完善、知识结构的全面建立以及人际关系协调与改善等。上述缺少的这些内容都有赖于发挥校园文化的教育功能，从而使之得以弥补。

从育人的角度审视校园文化，最重要的是明确校园文化建设在高校德育中的位置。《中共中央关于进一步加强和改进学校德育工作的若干意见》和《中国普通高等学校德育大纲》均明确提出，加强和改进德育工作，其中一个重要方面，是要加强校园文化建设。这是对校园文化建设给予的科学定位：校园文化建设是高校德育工作体系中的重要组成部分，是全面实施德育的一个重要途径。为此，研究校园文化和开展校园文化建设，必须与现代高校德育的目标和任务紧密结合，着眼于发挥校园文化的育人功能，通过校园文化建设及其他德育途径，培养学生热爱社会主义祖国，拥护中国共产党的领导和中国共产党的基本路线；确立献身于建设中国特色社会主义事业的政治方向，努力学习马克思主义，逐步树立科学的世界观并掌握科学的方法论，走与实践相结合、与工农相结合的道路，努力为人民服务，具有艰苦奋斗的精神和强烈的使命感、责任感；自觉遵纪守法，具有良好的道德品质和健康的心理素质，勤奋学习，勇于探索，努力掌握现代科学文化知识。

（二）从广义的角度把握校园文化的概念

在确立学校的根本任务是育人这一观念的同时，我们还应明确育人工作是一项多层次、全方位的教育体系。学校各级领导和教职员工都应树立大德育观念，确立全员育人、全方位育人、实践育人的意识。校园文化作为学校育人的一个重要途径，有利于上述诸项育人观念的落实。因此，应从广义的角度认识和界定校园文化。只有从广义上理解校园文化，才能更全面、更有效地认识和把握校园文化的德育功能，才能更好地发挥校园文化建设在落实德育内容、实现德育目标中的作用。当然，提出从广义的角度认识和界定校园文化，是基于对校园文化与高校德育之间关系的思考，这是表明一种认识角度，并不意味着我们对已有概念表述的简单认同。

1. 校园文化有利于体现素质教育的要求

《中华人民共和国高等教育法》明确指出，高等教育的根本任务是培养有创新精神和实践能力的高级专门人才。同时规定，高等教育必须贯彻国家的教育方针，使受教育者在德育、智育、体育等几方面全面发展，成为社会主义事业的建设者和接班人。在素质教育日益为高等教育关注的今天，面对由大学生构成的受教育者群体，学校教育必须摒弃那种内容雷同、形式单调、途径单一的教育模式，建立一个从学生成长需要的实际出发、符合教育方针要求的大学生素质教育工作新模式，这是高校工作面临的一个重要课题。而从广义的角度认识校园文化并以此认识作指导开展校园文化建设，则是研究解决这一课题的最佳着眼点。

2. 校园文化有利于体现学校育人工作要求

学校无小事，事事是教育，因为育人工作是全方位的工作；教师无小节，处处是楷模，说明每个教职员工都肩负着育人的重任，育人工作是全员性的工作。由此我们提出，必须实现教书育人、管理育人、服务育人的总体工作要求，明确对学生教育应齐抓共管的工作原则。通过校园文化建设，这些工作原则与工作要求可得到全面落实，因为广义的校园文化之观点明确指出，学校的教师和学生一样，都是校园文化的主体，教师参与校园文化建设的过程，不仅是强化教师育人意识的过程，而且是履行自己育人职责的过程；学校各职能部门以及教职员工在校园文化建设中的责任必须明确，方能形成齐抓共管的育人工作系统网络。

3. 校园文化有助于其教育功能的充分发挥

校园文化作为育人的重要途径，如何更好地发挥其育人功能，关键在于切实搞好这项建设。建设什么，怎样建设？这又是需要我们认真思考的重要问题。只有从广义的角度界定校园文化，才能更加科学地、全面地认识校园文化的内涵与外延要素和结构，才能正确地把握其特征与功能。"校园文化重在建设"道出了工作的难点和重点。把"重在建设"作为我们的工作方针，能够保证我们对校园文化的建设做到方向明确、针对性强，使得校园文化的要素结构日趋优化、完善，教育功能得到充分发掘和发挥。

4. 校园文化有助于强化育人的实践环节

21世纪，提高德育的实效性是我们所面临的一项重要而迫切的任务。如何提高，怎样加强？关键是要找出工作的薄弱环节。加强应是针对薄弱环节的加强，提高也应是对工作低效能的提高。加强即意味着改进，学校德育工作的薄弱环节在哪里？主要就是对育人的实践环节重视不够。教育，是教与育的有机结合，只教不育，多教少育，必然导致教育实效性差。因此强化育人的实践环节，应是加强和改进高校德育工作的重要内容。在广义的校园文化理论指导下的校园文化建设，为高校德育提供了有效的实践途径和方法，使大学生通过校园文化建设这一德育重要途径，积极、主动地参与各种教育活动。校园文化建设以实践的方法和自我教育的方法，充分调动大学生在教育过程中的主动性，改变了他们单纯作为受教育者被动地接受教育的角色。实践育人，可以说是校园文化的德育功能得以有效体现的重要方面。

由此可见，加强和改进高校德育工作，提高其效能，其中一个重要的方面就是要高度重视校园文化建设，使其切实起到德育途径的重要作用，真正发挥校园文化应有的德育功能。要做到这一点，必须从育人的角度和广义的角度审视、界定校园文化。这是深入开展校园文化建设、正确认识和科学把握校园文化与高校德育之间关系的基础和前提。①

二、加强文化与科技创新的互动

文化是科技进步的母体，是经济社会发展的先声，文化与科技创新的互动作为近代文明演进的主旋律，在现代经济、社会中扮演着越来越重要的角色。历史经验表明，文化影响着科技的生成、发展与传播，影响着创新的进程和结果。

先进生产力的出现不以人的意志为转移，它通常在最适宜的文化环境里实现突破。一个社会的文化氛围不仅影响科技知识和成果的出现，更会影响到科学知识的传播以及科技成果向现实的转化。工业化的历程告诉我们，越是创新活跃的地方，就越容易形成产业变革的广阔舞台，越容易形成创新集群以及各类资源汇聚的经济中心，一旦创新活力丧失，就面临着在竞争中出局的危险。18世纪以来，世界的科学中心和工业重心从英国转移到德国，再到美国，表面上是地理位置的更替，实质上是创新能力强弱转换的结果，其中无不包含着深厚文化的根由。

英国是借助工业变革崛起的第一个国家，17至18世纪，那里有较为宽松的历史背景；有培根、莎士比亚等人推波助澜的人文主义思潮，为牛顿、胡克、波义耳等科学家进行自由的科学探索提供了优越环境；有扩大的海上贸易，使先进的市场意识、商贸手段大行其道，为纺织机、蒸汽机等技术的发明和产业化创造了有利条件；有竞相辈出的科学大师与企业家，造就了英国当时的世界科学中心和产业贸易中心地位。但在此后，绝大多数科学探索活动封闭在皇家学会的小团体里，学术与生产相对脱节，导致英国的科学及工业技术逐渐丧失了早期的领先优势。

德国的科学发展得益于马丁·路德（Martin Luther）的改革和横扫欧洲的启蒙运动以及康德、黑格尔（Kant&Hegel）等思想家对科学方法的总结和传播，也得益于歌德、席勒等人领导的浪漫主义运动。在19世纪，德国科学家将大学教育与专业研究室结合起来，为学院文化注入了创新要素，大批青年人开始有机会直接参与科学前沿的探索活动。这一模式催生了现代大学和研究开发机构，开辟了优化小环境培养创新人才的先河，也培养了一大批人才使之成为德国崛起的重要力量，使德国实现了先进的钢铁生产技术和生产体制的变革，促进了钢铁工业的发展；在有机化学和煤化学研究方面的超越，发展了合成化学工业，使之成为重要的出口工业。1875年前后世界科技中心开始转移，到1895年前后，德国的经济总量超过了英国。

美国科技和经济的发展也是文化与创新互动的结果。美国是个移民国家，开放性、包容性的移民文化为各种文化观念的撞击创造了条件。在竞争、迁徙中形成的实用主义思想

---

① 吴丹姝.高校校园文化环境系统研究［D］.武汉：武汉理工大学，2012.

观念，导致了人们更加重视策略、看重效果的行为模式。因此，以市场机制促进科技成果产业化，探索管理机制创新，在美国都能够得到鼓励。20世纪初，许多并不是发生在美国的技术发明，却在美国以最快的速度实现了产业化，如内燃机和电力的普及带动了美国经济迅速发展；美国较早实现了规模化生产和科学管理，其高生产率和低价商品成了国家经济崛起的有力武器；美国企业较早地将研究开发机构纳入企业并成为企业的核心部门，解决了科研和生产的对接问题；美国的"大科学"和开放式研究机构的形成，使科技与经济、政治社会以及价值观的变化更密切地联系在一起。在美国不管风险投资源于何处，都可以得到最快的发展，并成功地实现了金融、投资和科技成果、人才的有效结合。

这些追赶、超越先进的后起国家存在着一个共同特点：都是以科技进步为经济发展的动力。但这里也出现了"李约瑟式"的问题：为什么新的工业变革不是发生在初始科技和经济领先的国家，而是在别的国度？还有人追问：同样是资本主义制度，为什么科技创新会有不同的结果？对此，很多学者的研究结论都直指文化环境这一潜在的、深层次的因素，认为现成的以及正在形成的文化，可以从观念、制度、方法、习性、价值等多个层面影响科学技术的发展。这种影响可能是积极的、正面的，也可能是消极的、起阻碍作用的。所以，一个社会越是希望科学技术健康发展，越是希望新的科技变革、产业变革走向成功，就越应该关注如何营造良好的、有利于创新的文化环境。

三、再造中国的创新文化

科技在中国的命运，是对创新与文化互动的一个最好的诠释。文化的繁荣与起伏深刻影响着科技的发展，在人类文明的进程中，中国文化的繁荣与起伏对世界文明产生了重要而深刻的影响，一些重大的发现和发明影响了人类文明的进程，先哲们在认识自然现象中归纳、整理出来的整体视角、辩证思维、因地制宜等认识方法，不仅为天文学、医学、农学、工学等方面的发展提供了思想和方法基础，而且表现出令人叹为观止的后现代性。从先秦诸子的天人之辩，到宋明理学家的"万物一体"论，整体、和谐、统一的思维方式贯穿于古代思想史的全过程。传承数千年的中医学，正得益于这一精深文化的滋养。现代科学已达到了一个分水岭，融合可以开创一个新的复兴。这个复兴基于科学技术的整体观，意味着传统文化中某些思维方式和价值取向可能会重新焕发其生命力。

不可否认，长期的旧思想对人们思想的强大禁锢力，对新兴产业和科技成果的出现也通常视而不见；传统文化中讲求中庸、偏重实用的思维习性，与近代科学执着于理性和实证探讨以及追求启蒙，实现大众理想、人格自律的模式有着很不一样的思想传统；明代以后，关闭了国人与世界交往的大门，使我们与世界科技发展和工业变革失之交臂。正是因为在新科技知识和工业变革面前闭塞耳目、鲜有作为，造成了中国在工业文明发展中长期处于落后的局面，也饱尝诸多苦果，历史的教训令人刻骨铭心。今天，越来越多的人已经预见到在未来 30~50 年的时间里,世界科学技术会出现重大原始性创新突破。信息科学和生命科学将是发展最迅速、影响最广泛的科学领域;信息技术、生物技术、空间技术、新材料技术、先进制造技术、洁净高效能源和环境技术等将不断取得新的突破;人类将继续拓展对宇宙空间、海洋、地球深部的研究、探索,将更加注重人、自然、社会的协调发展;对物质世界本质的不懈探索和对数与形及其逻辑推演规律的研究,仍将是科学界最感兴趣的基本问题。未来科学技术很可能在信息科学、生命科学、物质科学以及脑与认知科学、地球与环境科学、数学与系统科学乃至社会科学之间的交叉领域形成新的科学前沿,发生新的突破。现代科学和技术所引发的重大原始性创新导致的生产力根本变革,也必然导致全球生产关系的全面调整和利益格局的重新分配。这种高速的变革,使得先进国家不可能在所有的领域都能占据绝对的支配地位,后起国家在某些领域还有可能具备不可替代的独特优势并产生突破。抓住这样的历史机遇,对于中华民族的伟大复兴无疑具有十分重要的现实意义。

历史告诉我们,任何一个技术创新活跃的时代,无一例外都是伴随着人文创新的引导。是有了先秦诸子百家的学术争鸣,才有两汉农业文明的成熟;有了魏晋时代的思想解放,才有唐宋经济的繁荣;有了宋明理学和人性学说的矛盾冲撞,才有康乾盛世的歌舞升平。今天,突破传统文化中的相对僵化和保守,重构有利于创新的文化氛围,再造中国创新文化的辉煌,对于中国科学技术的健康发展,对于中国经济社会的持续繁荣,对于中华文明的传承与弘扬,具有十分重要的意义。那么,如何再造中国创新文化呢?

(一)树立"以人为本"的科学理念

与一般生产性活动最大的不同之处在于,创造性活动及创造性成果的出现,更多地体现在人们思想火花的迸发,这与文学、艺术等领域是相通的。尖子人才在创新活动中具有不可替代的作用,通常几个尖子人才的水平就能决定一个研究集体在国际竞争中的位置;重大科技项目的成功,关键也在于尖子人才的选拔和使用。在当今时代的创新活动中,人才的创造性意义和决定性作用更加突出。我们通常谈到硅谷的创新,谈到美国雄厚的科技实力和综合国力,其实支撑硅谷乃至美国经济社会发展的动力,很大程度上来自世界各国的无数尖子人才。据了解,全世界科技移民的 40% 被吸引到了美国,在全美从事科学和工程项目工作的人员中有 72% 出生在发展中国家,在硅谷地区供职的中国科技人才超过 25 万人。

分析我国人才流失的原因,不能否认的是自身在管理理念上的落后。一位华裔科学家在谈到中国的基础研究问题时曾深有感触地说:"国内有些研究单位十分重视研究设备的拥有和配置,他们津津乐道的通常是实验设备和仪器,好像这些才是研究所的实力和水平,应当说他们重视的不是人才,而是设备,他们是重物轻人。"没有人才,再先进的设备也产生不出优秀的成果。美国微软公司 1.6 万人,固定资产也就是计算机、服务器以及一些房产，加起来不过几亿美元，但2011年的市值已高达2500多亿美元，其核心就是拥有一批软件业的顶尖人才。因此，坚持"以人为本"的创新理念，就要认真领会"人才资源是第一资源"的深刻含义，转变"见物不见人"的观念，把发现人才、培养人才、吸引人才和稳定人才的工作做好，让人才的创造性得到最大程度的激发。

（二）造就开放的科学环境

现代科学越来越趋向于复杂和综合，许多重大科学成就的取得，通常都是来自交叉和边缘学科；同时，科学与技术的互动、自然科学与社会科学的相互融合、国家之间的科技交流与合作，都已成为当今科技发展的重要特征，因此，以合作与竞争互动为特征的科学家群体，已经成为当今科学研究的主导性力量。美国桑塔费研究所从事复杂科学研究的团队，不仅包括著名的物理学家、数学家、生物学家、计算机专家，还包括一些经济学家、哲学家和文学家；哥本哈根学派、卡文迪什实验室、布尔巴基辩论会等，也都体现了科学家集体的创造效应；麻省理工学院的多媒体实验室，从事多媒体研究的人员来自各行各业，汇聚了哲学、心理学、儿童、艺术、生物和物理学方面的专家。这种大跨度、多学科的撞击，必定会产生创新的火花。在我国，研究队伍中门户主义、小团体主义和行会思想时有滋长，与国外学术活动非常频繁的情况相比，学术闭塞现象相当严重，部门与部门之间、研究所与大学之间、研究室与研究室之间、研究室内部不同科学研究人员之间、课题组与课题组之间的学术交流不多，跨领域、跨学科的交流更少。在当今大科学研究、交叉学科研究已成主导的情形下，在科学研究国际化的趋势下，造就开放的科学环境应当是我国再造创新文化的重要内容。

（三）倡导追求真理、宽容失败的科学思想

对真理的执着追求是决定原始性创新取得成功的精神条件，而怀疑和批判则是一切创新活动的基本出发点。科技事业的真谛在于追求真理，今天的科学春天是布鲁诺、居里夫人、爱因斯坦等无数科学家始终如一、执着企求、无私奉献迎来的。不断开放的环境、不断更新的知识，要求我们永远保持一个"在真理面前人人平等"的社会文化氛围，这也是我国科研活动面临的现实问题。一个平等参与、公平竞争的文化环境，对于我国的科技发展极为重要。知识更新加快，新一代人才从小学到大学，到研究生，他们的知识结构已经更新几个轮回。在这种条件下，人们对在小生产条件下形成的对权威的崇拜会进一步弱化。

过去那种做事、评价和决策最终取决于权威的习惯做法，应当让位于科学、民主的方式和机制。我们的科学界受传统文化中"以和为贵"思想的影响，缺乏应有的批判精神；我们的学者面对同行、导师、学术前辈和学术权威，碍于情面，少有科学批判或学术批判的意识；我们的科研评价缺乏应有的科学态度，科研项目的认定几乎无一失败，制造了

许多"国际先进""国内领先"。这既不符合科学探索的规律,又不符合科学研究的实际。创新是一个追求真理的过程,创新活动不可能100%的成功,也从来就没有绝对的失败。所以,我们应该尊重科学和科学探索的规律,创造一个"在真理面前人人平等"的文化氛围,既不以权威压制人,不以名望排挤人,不以资历轻视人,又要鼓励学术争鸣,保护不同意见,宽容研究失败;更不能求全责备,要鼓励年轻人大胆探索,坦诚面对失败。

(四)关心、支持创新失败人才

一切事物都是作为过程出现的,创新实践尤其是这样,要经过创新、失败、再创新、再失败、再创新……到达成功。科研成功率平均不到10%,而失败却在90%以上。爱迪生说"我的成功乃是从一路失败中取得的"。怎样看待创新失败人才,是检验一个领导者卓识与无知、成熟与幼稚、宽厚与势利、正确与错误政绩观的试金石。要积极建立鼓励创新,允许失败,爱护、支持创新失败人才的机制和制度规定,为创新失败人才营造宽容、和谐的心理氛围。

创新失败后,要及时解除他们的精神压力,帮助总结经验教训,鼓励继续研究并予以足够的经费和条件保证。失败人才也要"善败不乱",吸取经验教训,鼓足勇气,转败为胜。要提高对创新失败的认识,看到失败者的功劳。失败既是一笔精神财富,是照亮走向成功的智慧石,又是特殊形态的成果,为成功提供了物质基础和条件。只奖励成功者,不接受失败者是不公平的。创新失败人才,他们在创新过程中付出了巨大的有形、无形资本,我们应该给予跋涉在崎岖创新路上的勇士以鼓励和支持。这样做的效果会使众多创新失败人才不因害怕失败而踌躇不前、半途而废,会出现自主创新的持续热潮。

(五)摒弃急功近利、急于求成的浮躁习性

数学大师霍金在《果壳中的宇宙》一书中引用莎士比亚《哈姆雷特》里的一句台词:"即使把我关在果壳里,仍然自以为无限空间之王!"这就是科学探索至尊至上的理想境界,是世界上所有科学家们梦寐以求的自由王国。

如果没有耐得住寂寞的气度,没有超凡脱俗的冷静,只能永远与科学无缘。对于每一个期待迈入科学事业殿堂的人,首先要以科技人员的身份要求自己,不忘对科学真、善、美的追求,做好人文性与科学性的有机统一。因为只有把科学内化为精神,才能有产生科学思想的热情和灵感。我们鼓励科技人员有所成就,但不是追逐名利;支持有管理才能的科学家担任领导干部,但不推崇"学而优则仕"。如果过于追逐名利,甚至于对名利的追求超过了对科学的追求,科学也就失去了本来的意义和价值。

四、发挥政府在创新文化建设中的作用

创新文化是人们在创新活动中的文化实践,既包括相应的实践成果,也包括思想观念、认知方法、价值取向、行为方式、制度模式等方面的转变或提升。创新文化作为一种行为文化,是社会整体文化的一个侧面,它既作为环境因素影响或制约创新过程,又作为一种融合到创新主体的潜在因素影响创新者的行为和表达。

在激烈的国际竞争中,政府可以用关税或非关税壁垒的手段来保护本国的商品,来抵制各种生产要素跨国界的流动,但唯一没有办法控制流动的就是人才。这种人才争夺既是基于优越的工作条件、生活待遇,更是基于和谐、宽松的文化环境。创新文化建设是国家创新体系的一项重要内容,政府必须在体制机制、文化环境、价值观念等方面做好工作,将其融入社会整体的物质文明、精神文明、政治文明建设以及文化创新的整体实践中。

(一)建立开放的科研机制

现代科学内在发展趋势是学科间不断交叉、综合和相互融合。这种趋势不断产生一些新的学科、新的领域。这些新的学科领域正是创新的前沿阵地,也是竞争最激烈最能带动经济和社会发展的领域。

在这种情形下,建立一个开放的科研机制对科技的发展极为重要。未来一个时期,解决开放的问题在国家创新体系建设中将占有十分重要的位置。减少或消除各种不必要的行政壁垒,摒弃"山头主义"式的管理构架;在科研机构建立公正、公平和透明的选聘机制,面向全国、放眼世界选拔尖子人才;制定政策促进科技系统包括研究人员、专业领域、研究机构以及行业、区域之间的对外开放,鼓励国内科学家参与国际重大科技计划和科学工程项目,到国际学术组织当中担任职务,吸纳国外科学家参与我国的科技计划和国际学术组织在我国设立办事机构。

(二)创造宽松的学术环境

社会科学研究的重大理论成果和自然科学的发现与发明,从来都是厚积薄发的结果。科学研究面对自然、社会和人类思维各方面的复杂问题,选题的多样性、发散性是必然的。科学探索所特有的不确定性和非共识性,使"有心栽花花不开,无心插柳柳成荫"的事例不胜枚举,为科研人员创造自由选题和自由探索的学术环境,支持他们在国家需求和科学前沿的结合上开展基础研究,尊重他们独特的敏感和创造精神,鼓励他们进行"好奇心驱动的研究",应是创新型社会建设中政府的重要担当。

(三)确立公平竞争的机制

本着"开放、流动、公平、竞争"的思路,构建创新体系和管理机制。促进各类创新

机构在开放的条件下加强能力建设，在流动的前提下加强资源配置，在公平的环境下鼓励参与，在竞争的基础上择优选拔和重点支持。开放的学术环境和公平的竞争机制，需要一个"在真理面前人人平等"的社会文化氛围。这里特别需要关注小人物和青年人的创新灵感。在科学研究中，一些具有很强学术性、探索性、创新性的小项目，通常能够对科学发展产生不可估量的作用。据有关资料分析，20世纪中后期，美国基础研究中的重大科学成就，75%来自不为人们关注的小项目；诺贝尔科学奖获得者，很多都是名不见经传的小人物。这不单是一种现象，而且有可能是一个带有普遍性的规律。要使那些有独立思考、独创精神的小人物和青年人才进入公众的视野，一个公平的竞争环境和数量不多的经费支持，都有可能使他们步入科学殿堂，为人类社会孕育出伟大的科学家。

（四）改革科技评价机制

评价既是一个管理操作问题，也是一个文化建设问题。我国目前的科研评价体系存在的弊端，突出表现在为减少选题失败而回避风险；不重视新人的原始性创新，导致创新思想受到扼制，使优秀创新人才特别是处于创新思维最活跃时期的年轻人难以脱颖而出。而要解决这些问题，需要根据创新目标，完善评价机制，确立为社会和科技界公认的科学评价体系；需要探索建立评审专家信誉制度，扩大评估活动的公开化程度和被评审人的知情范围，减少非学术因素的干扰，提高立项评估的公正性；需要加强评估过程的监督，尊重科技创新的内在规律；需要针对学术浮躁、急功近利等不良倾向，解决科技评价中急于求成的普遍问题，使科技评价不仅关注直接的、近期的和显性的价值，更需要关注间接的、长远的、隐性的价值形态。

（五）建立科技资源共享机制

一个良好的、与国际水准相接近的科研基础设施条件，是我国科研人员超越国际先进水平的基本条件。我国的科研基础条件相对薄弱，许多科技人员在与国际同行的竞争中通常输在了起跑线上；同时，部门分割，体制封闭，在科研投入方面重复建设、资源浪费的问题也非常突出，甚至有机构和专家学者垄断由国家财政投入所获得的科研设施和数据资源。

有资料显示，美国用16套Midis卫星接收系统，形成了覆盖全美的数据服务网，满足了军民两用需求；英国、法国、德国等大部分欧洲国家均只有1套Midis卫星接收系统，通过共享也满足了需要。但在我国已经购买了17套，仅在北京地区就有8套，目前各部门、各地区还有80套的购买计划，重复、分散现象可见一斑。

因此，建立科技信息、基础设施和资源有效共享机制十分迫切。把加强基础设施建设作为政府支持科学技术发展、扩大公共职能的一个重要方面，通过"科研基础条件平台建设"，为各类人才特别是"小人物"提供更加便利的科研条件。

（六）强化对全社会的科学普及机制

科技创新与科学普及是科技进步的两个基本体现，没有广泛的普及，民众对科技将失去兴趣，创新将得不到社会的支持。实际上，科学普及的内在价值远远超出科技应用的范畴，它所蕴藏的科学思维和探索精神，为全社会的科技创新奠定最广泛、最坚实的社会人文基础。

科学普及可以带动整个民族对知识和人才的尊重，激发人们追求真理的献身精神和尊重科学、崇尚理性、实事求是的价值观念。把科技创新环节与科技普及结合起来，能够破除公众对科学技术的迷信，揭去科学技术的神秘面纱，使科学技术从象牙塔中走出来，从神坛上走下来，走进民众、走向社会，确保科技发展为大多数人的根本利益服务。

第二节　造就科学高效的创新型人才队伍

遵循社会主义市场经济规律和人才发展规律，健全人才管理体制，是造就科学高效的创新型人才队伍的根本保证。推进现代大学制度建设，完善学校内部治理结构。建设一流师资队伍，用新理论、新知识、新技术更新教学内容。完善高等教育质量保障体系，推进高等教育分类管理和高等学校综合改革，优化学科专业布局，改革人才培养机制，实行学术人才和应用人才分类、通识教育和专业教育相结合的培养制度，强化实践教学，着力培养学生创意创新创业能力。

深入实施中西部高等教育振兴计划，扩大重点高校对中西部和农村地区招生规模。全面提高高校创新能力，统筹推进世界一流大学和一流学科建设。提高人才队伍整体素质，是培养造就大批创新型高层次人才的关键。目前，我国人才队伍素质与经济社会快速发展很不适应，人力资源中人才资源仅占5.7%，人才资源中高级人才仅占6.5%，高级人才中创新型人才、国际化人才十分匮乏，与转变增长方式的要求差距甚大。

一、创新型人才的含义及其对建设创新型国家的意义

创新是指在社会实践中不断创造新的思想、知识、技术、产品、作品的活动，这些活动对于社会进步、经济发展起着引领作用，对于国家综合实力的提升有着举足轻重的意义。创新活动具有多样性，可以发生在不同的领域，起大小不同的作用。创新思维是导致创新活动发生的源泉和核心。创新型人才指能够在一定的环境下产生创新思维并且能够凭借着创新思维，在自己从事的领域做出创造型劳动、创造型贡献，进而推动该领域事业进步，进而有助于推动社会进步、经济发展的人才。

（一）创新型人才是推动科技进步的关键因素

邓小平同志曾经说过："科技是第一生产力"，国与国之间的竞争实质上就是科技竞争。科学研究、技术发明，从本质上来讲，就是一种创新活动。创新程度越高，科学技术就越先进。因此，科技人员的创新能力，对于科技水平，有着决定性的作用。培养的创新型科技人才越多才，科技水平就越高，综合国力的提升才有坚实的基础、可靠的保障。

（二）创新型人才是推动经济社会发展的强大动力

不仅是科技事业，各行各业的发展都离不开创新型人才。20世纪70年代以来的经验证明，我国之所以取得举世瞩目的成就，不仅依靠科技创新，更是制度创新、管理创新、理念创新的结果，是各行各业根据自身实际情况，不断革旧立新的结果。因此，社会主义各项事业的发展都离不开创新型人才。[①]

二、目前我国高等教育中不利于创新型人才培养的因素

但是我国高等教育在培养创新人才方面还有诸多不尽如人意之处。我国已故的杰出科学家钱学森在温家宝总理探望他时，多次感慨："为什么我们的学校总是培养不出杰出人才？"他说："回过头来看，这么多年培养的学生，还没有哪一个的学术成就，能和19世纪初期培养的大师相比！现在中国没有完全发展起来，一个重要原因是没有一所学校能够按照培养科学技术发明创造人才的模式去办学，没有自己独特的创新的东西，老是'冒'不出杰出人才。这是很大的问题。"无论是中国共产党和国家领导人，还是杰出科学家，都已经认识到学校教育中不利于创新型人才培养的弊端并对此表示忧虑。事实也证明，现行教育体制培养的创新型人才，尤其是高层次创新型人才相对缺乏。那么高等教育中不利于创新型人才培养的因素主要有哪些呢？

（一）高等教育培养创新型人才的目标不明确

高等教育的主要功能是教书育人、科学研究和服务社会。但目前，高校教书育人的功能正在遭受到前所未有的冲击和弱化。高等教育的市场化、产业化，也由于高校内部不合理的考评机制，对广大教师产生了不正确的引导，很多教师热心于科研工作，或者想方设法赚钱，而忽视了教学的本职工作。甚至有高校教师公然宣称，教师全心全意地投入教学是自我毁灭。在这样的一种大背景下，很多教师对于教学方面的基本工作都是敷衍了事，更谈不上进行创新人才的教育和培养了。

除此之外，在高校的人才培养目标中，虽然现在各高校越来越重视创新人才的培养，

---

① 谷晓瑞.高校综合改革背景下的创新型人才培养模式研究[D].青岛：青岛大学，2017.

但受到传统观念、体制的影响,很多方面的工作还都没有跟上。教学的目标,仍然多停留在传授知识和掌握知识的阶段,以学生掌握课本知识为满足。大学阶段是青少年身体、思想、情感、智力发育的重要阶段,是实践能力、创新能力形成的关键时期,在他们身上,蕴含着诸多创新的因子,如果教育得当,这些创新因子得以发掘,就能够为他们将来成长为创新型人才打下良好的基础。但教育不当,这些创新因子可能就会被破坏,本来富有创新潜质的人就可能被培养成庸才。然而遗憾的是,现在的高等教育体制在很大程度上,牺牲了学生的个性、想象力,进而牺牲了学生的创新能力。

(二)高等教育中普遍缺乏对学生怀疑精神的培养

怀疑是创新的前提。如果对传统,对权威一味地盲从,不敢越雷池半步,那么就谈不上创新。历史上,我国的科技水平长期停滞不前,与我国文化传统中缺乏怀疑精神有密切关系。20世纪初期,胡适先生提出"大胆假设,小心求证"的科学精神,就是号召在科学研究中,要有怀疑精神。但时下的高等教育中,对于学生怀疑精神的培养也是严重不足。学生的知识主要来自课本,为了应试,这些课本上的知识被假定为是正确的,学生只能学习、掌握,而不容有怀疑。没有怀疑,就没有了创新的可能性。

(三)缺乏对学生个性的培养和尊重

现在的高等教育观念过于注重整体和一般,对大学生的个性、特长重视不够,通常以"齐步走"取代了因材施教;过于注重教师的主导地位,教师拒绝学生批评的现象很普遍,甚至对有个性的学生因为"难教""不听话"等原因而刻意压制,最终造成了学生普遍缺乏个性。个性的缺失,通常意味着创造精神的失去,失去创造精神,就谈不上创新能力。

(四)不注重培养学生的动手实践能力

目前我国的高等教育过于注重书本知识,学生的实践活动近些年来,虽然有所增加,但仍然还很不足。诺贝尔物理学奖得主朱棣文教授认为:"中国的学生学习很刻苦,书本成绩很好,但是动手能力差,创新精神明显不足。"传统的教育方式,只注重动脑能力的培养,不注重动手能力的锻炼。但"纸上得来终觉浅,绝知此事要躬行""实践出真知"。知识和能力都是通过实践才能够得到提高,创新能力的培养也必须经过实践。只有在实践中不断发现问题、解决问题,创新意识、创新精神和创新能力才能够得到不断的提高。

(五)人文教育和艺术教育落后,没有开发学生的想象力

在我国的高等教育中,普遍存在着轻视人文教育和艺术教育的现象。在中学时期就存在着"重理轻文""音体美靠边站"的不良现象。在大学时期,这方面的教育就更加缺失,造成了学生人文素质和艺术修养普遍不高。但是艺术、人文与创新能力之间有着密切的关

系。钱学森、杨振宁等著名科学家多次撰文,论述了艺术、人文与创新之间的关系。杨振宁曾经说:"艺术和科学是相通的。"可见,艺术对于创新型思维有着极大的启发作用。因此,要以艺术教育、人文教育完善学生的人格,开启他们的想象力,加强他们对事物的感性认知,以多种方式促进创新型人才的培养。

三、高等教育加强对创新型人才培养的对策

(一)切实转变教育观念

改变应试教育观念,全面实施素质教育,推动创新型人才的培养,把培养创新型人才放到高等教育教学目标的首位。要把培养创新型人才上升到国家战略的高度来认识。转变陈旧的教育观念,树立民主的、科学的教育思想,树立师生和谐平等的民主教学观念。优化人才结构,合理配置人才资源。我国人才资源的结构、配置不合理,一方面表现在人才总量跟不上经济社会的快速发展;另一方面有许多产业行业人才闲置,相对过剩。科学的人才结构与经济结构应该是紧密的统一体,既各自相对独立,又相互制约,相辅相成。人才结构与经济结构的互动,事得其人,人适其事,既保障经济的发展,又促进人才队伍的建设。国务院颁布的促进产业结构调整的规定,提出产业结构调整的8项重点,要求随着产业结构的调整而调整人才结构,优化人才资源配置。要优先保证"鼓励发展类"行业产业人才的量与质,限制"限制发展类"行业产业的人才配给,削减"淘汰类"行业产业的人才,有计划地向"鼓励发展类"调配,优化调整人才队伍结构。其次要把引进人才的事情做好。当前在引进人才、智力和技术方面存在的弊病突出表现在:目光短浅,看不透"拿来主义"的重要性,对引进缩手缩脚;盲目引进,装点门面;引来人才,使用不好,留不住人才;引进技术消化不良,缺乏吸收创新。

(二)改革高考录取制度

高考对于基础教育和高等教育影响巨大,因此要从高考入手进行改革,在高考当中突出对创新型人才的重视。要鼓励高校自主招生,鼓励招录有创新意识、创新思维和创新能力的学生,不能搞"唯分数论",对一些有创新才能,但分数不合要求的学生,要破格录取。通过高考录取制度的改革,要让高考这个指挥棒起到引导中学教育培养创新型人才的作用。

尊重劳动、尊重知识、尊重人才、尊重创造,是中国共产党和国家的一项长期方针。中国共产党和国家历来高度重视广大出国和归国留学人员,中国共产党的十八大发出了"广开进贤之路,广纳天下英才"的号召,强调要"充分开发利用国内国际人才资源,积极引进和用好海外人才"。调整高校的人才培养方案是造就科学高效的创新型人才队伍的

重要内容。这些年来我国高等教育重视规模扩张、学校升格，忽视从社会需求出发培养人才，直接导致了对劳动力市场的快速反应能力的欠缺。有段时期，全国将有几千万名高校毕业生需要就业，现存的或潜在的矛盾，根本问题是专业设置不适应社会需求，与经济发展脱节。有的专业严重供大于求，有的专业严重短缺，再加上课程落后、知识陈旧，致使社会急需的知识型创新人才、技能型创新人才、管理型创新人才非常短缺，影响了高等教育的办学成效和社会服务能力。因此，高等院校应从战略高度制订创新人才培养方案，落实行动计划，建立高层次人才培养基地，做到师资优化、设备先进、教学优秀、质量第一；发挥已有博士点、硕士点的作用，培养品行好、基础厚、知识广、能力强、素质高的创新人才；联合科研院所培养具有战略眼光与卓越才能的专家人才。

（三）改革课程设置，增加能够培养学生创新能力的内容

大幅度增加人文类、艺术类的课程，增加实践课程。通过强化这些课程，增加学生的人文素质、艺术修养，培养他们的想象力、创造力，健全他们的人格。同时增强他们的实践能力，从而推动他们创新能力的培养。营造创新人才健康成长的社会环境，使创新人才的创造能力得到充分发挥。时势造英雄，环境育人才。习近平总书记指出："科教兴国已成为中国的基本国策。我们将秉持科技是第一生产力、人才是第一资源的理念，兼收并蓄，吸取国际先进经验，推进教育改革，提高教育质量，培养更多、更高素质的人才，同时为各类人才发挥作用、施展才华提供更加广阔的天地。"营造以人为本的人才环境，提倡尊重知识、尊重人才、尊重劳动、尊重创造，其核心是尊重劳动，本质是尊重人才，目的是发展创造。尊重人才首先是要尊重人，对人的尊重是一个完整的理念，只有先尊重人，才能完整地尊重人才。

营造人才创新的社会环境，首先要保障创新人才的自主权。科学发现、技术发明、自主创新，与一般生产活动不同，它的主体是发明家、科技人才，若主体失去了自主权，则无法创新。因此，为创新主体的主体意识火花竞相迸发营造良好氛围，对创新人才进行自主选题、自主探讨、自主研究和培育原始创新成果至关重要。

（四）改革教育管理体制，给学校以更多的办学自主权

现在的教育管理体制，对于大学管理过多，学校办学自主权不足，学校在教育教学方面进行改革的主动性没有发挥出来，因而也影响了培养创新型人才的相关改革措施的出台。促进学术的开放交流，使科学与技术互相促进，自然科学与社会科学互相融合，地区与国际之间交流合作；建立保障创新领先者权益的政策环境，倡导追求真理、勇于创新、不怕失败的科学精神；营造宽松、和谐、生动活泼的人文环境，使创新人才在自由的学术氛围中获得一个良好的精神生活；建立与创新劳动、贡献相适应的收入分配机制和激励保障机制，为创新人才提供良好的工作条件和物质生活环境。

（五）培养一支具有高度创新精神的教师队伍

只有具有创新精神的老师才能培养出具有创新精神的学生。在这方面，现有的教师队伍在观念上、能力上还相对缺乏，因此首先要加强教师队伍建设，培养出一支富有创新精神的教师队伍。

第三节　实施青年科技创新行动

在经济全球化和知识经济时代，人才已经成为最重要、最宝贵的战略资源，谁拥有的人才数量越多、素质越高，人才作用发挥越充分，谁在激烈国际竞争中所处的位置也就越有利，近年来世界各国纷纷出台各种人才战略，加快招揽人才的步伐。

美国提出"培养21世纪美国人"，放宽对高科技人才入境的签证；日本提出强化人才培训、加强独创性基础研究的新措施；欧盟提出"将知识化放在最优先地位"等，对人才尤其是科技创新人才的争夺，已经发展成为一场没有硝烟的世界竞争。我国是人口大国，拥有丰富的人力资源。但是，目前我国的人力资源能力建设与社会经济发展要求还不相适应，人力资源的潜在优势转变为现实的人才优势的任务还很艰巨，在全球激烈的人才竞争中与发达国家相比，我们还处于劣势。如何把丰富的人力资源优势转变为现实发展的优势，为现代化建设提供有效的人才保障，是当前和今后很长一段时期所必须解决的重要战略问题。

一、实施青年科技创新行动的意义

新的历史条件下，实施青年科技创新行动具有重大的现实意义和战略意义。

（一）实施青年科技创新行动是时代发展的需要

当今世界，科技进步日新月异，经济全球化进程不断加快，国与国之间以经济和人才为基础的综合国力的竞争日趋激烈。面对这样的形势，建立国家创新体系，增强自主创新能力，对于我国21世纪的发展至关重要。我们必须把推动科技进步作为促进经济发展的一个十分重要的战略策略，全面实施青年科技创新行动，团结带领广大青年，特别是青年科技工作者发奋学习，勇于创新，为推动科技进步和经济发展做贡献。青年是国家的未来，青年人富于理想，充满热情，满怀抱负，有志在伟大的创新实践中建功立业。他们接受新事物能力强，能快速掌握和运用新知识、新技能，在科技创新等方面表现出明显的优势，在人力资源开发中的优先地位应该得到重视。培养青年科技创新人才，是面向未来、建设创新型国家、实现国家战略的一项非常重要的内容。

（二）实施青年科技创新行动有利于培养更多的优秀青年人才

青年时期是创新的黄金时期，创新是青年最可宝贵的品质，青年科技人员是科技创新的一支重要力量。创立新理论、新方法和开发新产品的动力，发展科学技术的动力主要来自青年。随着科技产业化进程的加速发展，迫切需要更多优秀青年科技人才脱颖而出。

我们要通过这项工作搭建一个促进青年成长成才的舞台，进一步激发青年的创新热情，引导青年瞄准科技发展的前沿，参与重大和关键技术的研究和开发，帮助青年科技工作者开发具有自主知识产权的技术和产品，为青年人才成长与发展提供有效的服务。

开发青年人力资源的过程，是一个提高人的素质、挖掘人的潜力的过程。实施青年科技创新行动，从强化青年创新实践、培养创新精神、提高创新能力、营造创新氛围入手，全面提高青年的素质，推动青年人力资源转化为青年人才资源。遵循人才成长规律，最大限度地开发他们蕴藏的巨大潜能，最大限度地调动他们的积极性，发挥他们的创造力，使广大青年为建设创新型社会做出新的贡献。

青年是人生成长成才的关键时期，是创新意识培养和创新能力形成的重要阶段。实施青年科技创新行动，团结凝聚高层次的青年科技人才，为他们施展才华搭建舞台，需要做好几个方面的工作：一是建设有利于人才成长的教育培养体系，为青年创新人才成长打好基础；二是通过促进青年科研人员与产业相结合，为推动科技进步和经济发展做出贡献；三是以开展广泛的群众性青年科技创新活动，营造良好的创新氛围，来增强青年人的创新意识和创新能力；四是建立青年科技创新行动项目化、社会化的运行机制，使科学研究与成果转化相结合。

二、实施青年科技创新行动的基本思路和基本原则

实施青年科技创新行动必须着力于国家创新体系的建立，在广大青年中广泛开展科技创新实践活动，培养创新精神，提高创新素质和能力，营造崇尚科学、鼓励创新的良好社会氛围，促进大批适应21世纪发展需要的青年科技人才脱颖而出，推动科技成果的商品化、产业化，为全面实施科教兴国战略，实现社会主义现代化建设第三步战略目标贡献力量。

（一）坚持以经济建设为中心的原则

组织动员广大青年投身经济建设主战场，依靠科技创新努力促进产业结构调整，提高科技对经济增长的贡献率，为国民经济整体素质的提高和综合实力的增强贡献力量。自觉服从服务于科教兴国战略的原则，按照科教兴国战略的总体部署，主动配合党政有关部

门,充分发挥自身优势,团结带领广大青年投身科技创新,在建设国家创新体系中发挥共青团组织的作用。立足培养青年的创新素质和能力,把人才效益放在首位,在科技创新实践中全面提高广大青年的科技知识水平和创新能力,促进大批青年科技创新人才不断成长。

(二)坚持有的放矢的工作思路

广泛发动不同行业、不同层次的青年积极参与,形成群众性的青年科技创新热潮。积极吸纳整合资源,构建各方面社会力量共同参与的开放式工作格局。曾任北京大学光华管理学院院长的张维迎在中瑞创新论坛上说:"大家的学习目的就是为了考试,应试教育很强,但是创造能力很弱。""理论上讲,一个人口大国应该会有更多的天才和创新能力和更多富有创造力的人才,从而会有更多的创新和发明。但是在中国不是这样,在中国近代历史上,很难找到中国发明创造出来的重大创新。""我们的教育总是告诉我们的学生,任何一个问题都只有一个唯一的准确答案。"所以说,没有教育的改革,青年创新人才的成长就失去了基础。积极鼓励广大青年在实践中大胆发明创造,推动科技创新事业的发展。设立青年科技创新创业等奖项,激励青年在基础科技领域大胆创新,鼓励技术创新和科技成果的转化应用;定期举办青年科技论坛,使之成为孕育、传播新的科学知识的重要阵地;利用当前应用类科研院所转轨转制和经济结构调整的大好机遇,鼓励广大青年科技人员不断开发具有自主知识产权和市场竞争能力的产品或服务,为推动国民经济持续快速、健康发展发挥更大的作用;为青年科技人才开发拥有自主知识产权的产品提供服务。

(三)用创新的精神推进工作

不断探索新的工作思路和方法,在继承中创新,在创新中发展。充分尊重基层的首创精神,支持各种形式的创新实践。进一步开阔视野,借鉴国内外的先进经验。

在企业,以"创新创效"为主题,以青年科技人员为主体,以市场为导向,以产品、工艺技术创新为基本内容,组织广大企业青年积极参加技术创新活动。以青年岗位能手活动为载体,广泛开展群众性技术创新活动。在农村,以提高农村青年科技文化素质为重点,开展培养星火带头人活动。鼓励青年大力开展科技推广项目,创办科技示范基地(园),形成项目、基地与服务组织相结合的农村青年科技服务体系。

在大中学校,培养学生的创新意识和实践能力,实施大中学生素质发展计划。开展大学生主题设计竞赛,扩大参与面,推动课外学术科技活动氛围的形成,帮助青年学生提高创新能力。开展科技知识的学习传播活动,在全社会营造科技创新的良好氛围。

通过建立读书俱乐部和青年读书沙龙,编写科技丛书,举办科技节,建立科技广场及科技教育、示范基地等,使科技走近青年,提高他们的科技知识素养,增强广大青年乃至全社会的科技创新意识。引导广大青年学习现代科学理论,明确技术创新和企业经营的努力方向和价值取向。

(四) 充分发挥现代传媒作用

运用电脑网络和新闻媒介,广泛介绍国际国内科技经济发展现状,介绍科技成果在经济领域和现实生活中的应用,展望现代科技发展趋势及其对人类社会生活的影响。通过多层次的科技学习和传播行动,推动全社会对科技创新工作的关注和支持,形成学科技、用科技、推动科技发展的良好局面。发挥组织优势,促进科技成果的推广和应用。利用共青团青联、科协组织,团结、凝聚青年人才,为青年科技工作者提供咨询、论证等多种形式的服务,形成联系青年科技工作和企业的纽带。

建立青年科技创新行动网页,形成汇集科研项目、成果、科技人才的信息,促进全社会创新资源的优化配置。通过科技成果转化、应用的中介服务组织及网络,提供市场信息分析、市场预测、风险评估等服务,营造有形的技术成果交易市场。组织青年科技成果博览会、技术交流会和信息发布会,促进科技成果的推广和应用,加快科技成果的商品化、产业化进程。积极推动科技和经济结合,鼓励、引导青年科技工作者创办企业或多形式与企业合作,走产学研结合的道路。实行项目与人才的对接机制,帮助青年企业经营管理者和青年科研人员选择具有市场开发前景的科研项目进行孵化催生,促使科研成果转化应用。

(五) 建立激励机制,争取社会资源

组织青年科技工作者以招标和引荐方式,为企业的技术攻关和地方经济发展提供服务。设立"青年科技创新奖"和"青年科技创业奖"专项奖励资金,对在科技发明和科技成果转化等方面取得显著成绩的青年科技工作者进行奖励,对青年科技创新组织的突出成绩予以表彰。加强阵地建设,在科技馆、博物馆、科研院所、大专院校及高新技术集中企业,命名一批青年科技创新行动教育(示范)基地,面向青少年开展科技创新教育,为科技教育工作研究提供服务,为青年的创新实践服务,为推动科技产业化、促进科技与经济的结合发挥示范带动作用。争取政策支持,在条件成熟时建立青年科技工业园区。设立青年科技论坛,对经济建设和社会发展相关的问题进行研讨,为青年科技创新成才者的脱颖而出搭建舞台。①

三、实施青年科技创新行动的重点工作

青年科技创新行动的内容十分丰富,当前,要着重抓好的重点工作有以下几项。

---

① 潘斌.高校创新创业人才培养模式研究[M].北京:世界图书出版公司,2018.

(一)大力培养青年创新人才

青年一代蕴藏着巨大的人力资源优势。他们追求创新、渴望创新，是科技创新的生力军。培养青年创新人才，首先要加强青年科技工作者的组织建设。主要是建设好青年科技工作者协会，为青年科技工作者从事科技创新解决困难，创造条件，提供帮助，促进青年创新事业的发展。其次要建立青年科技创新行动人才库，要有计划有目标，包括中期和长期的目标，建立动态管理的有效机制。要设立首选、备选人才名单，为推荐优秀人才开辟渠道。特别要重视发现和培养青年科技创新典型，大力宣传典型的创新成就和创新精神，为他们进一步参与科技创新实践创造更多的条件。最后要建立并逐步完善青年科技创新的激励机制，认真做好青年科学家奖、青年创新创业奖的评审工作，促进创新人才的不断成长。

(二)推动科技成果的生产与创造

通过评选青年科技家奖和中国青年科技创新奖，设立青年科技论坛等活动，激励青年科技工作者的创新行为。在企业，以创新创效为主题，以青年科技人员为主体，以开发一项新产品、创造一项新工艺、推广一项新技术、转化一项新成果的"四个一"活动为基本内容，推动科技成果实现商品化。以"五小"活动和青年岗位能手活动为载体，在青工中开展群众性科技创新活动。在高校，通过深化"挑战杯"科技创新活动，提高大学生的创新能力。

(三)促进科技成果的推广和应用

依托各级青年科技工作者协会建立中介服务机构和网络，从事科技成果的转化服务工作，成为联系科研院所、大专院校与企业之间的纽带。营造有形的青年科技成果交易市场，利用互联网建立青年科技创新信息库，举办形式多样的青年科技成果博览会、技术交流会和信息发布会。

(四)促进青年科技人才与项目的对接

帮助青年科技工作者实现产学研相结合。选择一批企业和科研院所作为青年科技创新行动示范基地，组织青年科技工作者进行科技项目攻关和新技术新产品开发。组织博士生服务团和留学人员回国服务团，帮助企业进行技术攻关。

(五)建立青年科技创新示范基地

在高新技术企业、大专院校、科研院所中建立一批示范基地。基地要以项目为载体，一方面充分发挥自身人才集中的优势进行科研开发；另一方面集中所联系的青年科技工作者共同参与开发，促进产学研的结合。要使科技创新示范基地成为积聚项目、吸纳人才的基地，通过示范基地建设探索人才与项目对接的机制。在建立青年科技园时要注意用足用好国家级科技园区的优惠政策。

（六）在全社会形成良好的创新氛围

在全社会营造有利于青年创新的良好氛围，就要在青年中倡导热爱科学、尊重知识、尊重人才的社会风尚，为青年科技创新行动奠定坚实的群众基础。要通过建立科普广场，举办青年科技节、科技活动日等形式，把青年科技创新行动融入社会。要在科技馆、博物馆等科技活动场所建立一批青少年科技教育基地，引导青年学习、掌握科技发展的最新成就，关注科技发展。要通过各种现代传播途径广泛宣传科技发展成就，大力宣传青年科技创新事业。要积极争取党政部门和社会各界的支持，力争纳入精神文明建设规划，形成有利于科技创新的工作环境。

四、实施青年科技创新行动要注意的几个问题

（一）充分发挥青年在科技创新中的主力军作用

充分发挥青年在科技创新中的主力军作用，必须围绕我国建设面向知识经济时代的国家创新体系来进行。国家创新体系是知识创新和技术创新相关的机构和组织构成的网络系统。主要功能是知识创新、技术创新、知识传播和知识应用。基本任务是大力促进和提高知识的生产、传播和应用的水平、规模和效率，建设国家创新体系。国家创新体系宏大而广博，内涵极为丰富，可分为知识创新系统、技术创新系统、知识传播系统和知识应用系统。实施青年科技创新行动应从青年自身特点出发，大处着眼，实处入手，积极有效地推动青年在科技创新的众多环节、众多领域中发挥主力军作用。

具体来说，要做好以下几方面的工作。一是宣传、表彰优秀青年科技人才。着眼于促进大批具备创新意识、创新能力的高素质青年科技人才成长，大力表彰、宣传和推荐优秀青年科技人才，为他们展露才华、脱颖而出铺路搭桥。二是扶持青年科技人员创业。着眼于提高科技创新成果的转化速度与效益，鼓励和支持青年科技人员创办高新技术企业，同时教育青年尊重和保护知识产权。三是开展青少年创造发明活动。着眼于造就宏大的人才后备军，广泛开展适合青少年特点的创造发明活动，重点深化大学生课余学术科技活动，引导青少年树立创新精神，发展创造性思维，及早开发创造潜能，增强投身科技创新的信心和勇气。四是加强同海外青年学子的联系。留学海外的青年学子远离祖国，刻苦攻读，有的已经在科研领域取得令人瞩目的成就，他们始终关注着祖国的现代化建设。要加强同他们的联系，帮助他们把爱国热情和才华智慧奉献给祖国的建设事业。

（二）切实加强机制建设

机制建设是实施青年科技创新行动的重要环节，是青年科技创新事业持续发展的基石。从共青团工作的现实出发，重点要建立健全四个方面的机制。

一是健全网络系统。充分发挥青年科技工作者协会的作用，依托协会成立青年科技创新中介机构，主要从事科技成果的转化服务工作。可以组织青年科技工作者提供咨询、论证等多种形式的服务。建立青年科技创新行动网页，建立汇集各类科研成果和科技人才的信息库，促进全社会创新资源的优化配置。

二是建立奖励机制。制定青年科技创新行动奖励条例，联合有关党政部门对在科技发明和科技成果转化等方面取得显著成绩的青年科技工作者进行奖励，及时表彰青年科技创新行动组织工作出色的地区和单位。

三是加强阵地建设。进一步办好青年科技园，发挥各级团校、青少年教育基地、活动营地、青少年宫等校外教育阵地的作用，不断开发新的培训项目，提高青少年科技创新的能力。

四是争取政策支持。积极争取有关部门制定政策，对一些青年占主导地位的科研项目或技术革新项目给予必要的政策倾斜。实施活动的各项工作措施与政府有关政策、法规接轨，与企业、科研院所等有关单位的规章制度配套，以便更好地推动青年科技创新行动的开展。

（三）正确处理好几方面的关系

1. 服务大局与体现青年特点的关系

青年科技创新行动要自觉纳入科技进步和经济社会发展大局中，服务于科教兴国战略，努力成为国家创新体系的有机组成部分。同时，又要充分发挥共青团的自身优势，既注重为较高层次的青年科技人才的创新实践服务，又着力营造良好的创新氛围，服务于广大青年、服务于全社会。只有纳入大局，才能发挥共青团的服务功能，促进创新事业的发展；只有体现自身特点，才能成为共青团和青年事业的一个重要的工作增长点。

2. 继承与创新的关系

继承是发展的前提。青年科技创新行动自实施以来，在服务大局、服务社会、服务青年中取得了许多成就，建立了较好的工作基础，积累了很好的经验，需要认真总结。作为共青团的一项重点工作整体推出，符合经济社会发展的要求，符合广大青年成长成才的需要，是青年科技工作的新的起点，其本身就是创新的体现。把握好继承与创新的结合，尤其要注重创新，创新是这项事业发展的关键。

3. 活动与机制的关系

一方面要开展丰富多彩、适应科技经济发展和培养创新人才需要的活动；另一方面需要从一开始就十分重视机制建设，以办事业的精神和方式来做好这项工作。建立人才、项目、成果市场等环节的运行机制，把扎实的活动内容和有效的工作机制融为一体，使这项青年创新事业持久发展。

4. 统一要求与创造性工作的关系

青年科技创新行动作为共青团的一项重点工作，必须在大的方面有统一的步骤。但各地的科技和经济发展水平有很大的差异，不能以一种简单的模式加以推进。要十分尊重基层和广大青年的首创精神，及时总结和推广好的经验。各级团组织要高度重视，既坚持统一要求，又力求创造性地工作，使青年科技创新行动不断发展。

第八章 高等学校创新人才培养的方法与途径

第一节 创办培养创新人才的学校

一、建立现代大学制度

随着高等教育事业的快速发展和不断深化,一些深层次的矛盾和问题日益显露出来。一方面,高等学校作为教育和办学主体没有真正从重重束缚下彻底解放出来,影响进一步提高教育质量、学术水平和办学效益。制度创新是解决这些深层次问题的根本所在。另一方面,政府对教育的投入主要用于基础教育和一流大学的建设,然而,对大部分高校而言,教育经费短缺。说到建设一流大学,培养创新人才,很多人认为我们的主要问题是缺少资金。虽然,在教育经费、教师待遇、图书设备等方面,我国的大学与世界著名大学的差距十分明显,几乎不具备可比性,但这只是问题的一个方面,经济学家张维迎曾在《财富》论坛"世界500强"的讨论中谈到:"国际竞争的核心不是资金和人才的竞争,资金和人才都是可以国际流动的;也不是技术的竞争,而是制度的竞争。从中国长远来看,应该学习的是制度改造。"张先生更多地强调了制度的重要性。这一观点对于我国大学教育同样具有重要的学习意义。大学之大,在于兼容并蓄,思想自由;大学之大,不在大楼,而在大师。在著名的大学里,人才辈出,大师云集,主要是一种制度文明的产物,而不是急功近利的政策能够速成催生出来的。

实施高等教育的重要机构是现代大学,其本质应是传播、应用、融合和创新高深学问的高等学府。它兼备着培养人和发展科学技术以及直接为社会服务的作用。这就决定了作为一个文化、学术单位的现代高等学校有三个显著的特点:①提倡学术自由。②实行教学与科学研究相结合。③坚持面向社会自主办学,这是现代高等教育的一般规律。在市场经济体制下,它又是一种特殊的产业。这种特殊产业兼有"公益性"和"功利性"的双重性质,从总体上来说不能完全实行产业化。现代大学又是国家发展科研事业的重要方面,它的综合实力是一个国家教育、科技水平的重要标志,也是一个国家综合国力的重要体现。现代大学综合实力的内涵主要有三个方面:一是办学观念,这是办好一所现代大学的精神力量;二是建设水平,主要包括一批高水平的学科,一支高素质的教师队伍,一个智力含量高的图书馆、实验室、校园网以及一种良好宽松的文化、学术氛围,这是办好一所现代大学的物质基础;三是办学效果,主要包括教育质量、学术成果和直接为社会服务的贡献以及它的投入产出效益,这是它所创造的外在价值。建立现代大学制度的根本目的,就是要解放大学的生产力,发展和提高它的综合实力,其关键是转换机制,使现代大学成为面向社会自主办学的法人实体和竞争主体。

随着我国高等教育改革的不断深化,建立"现代大学制度"迫在眉睫。现代大学作为理论研究的对象是一个有待深入研究的重大课题。有的学者认为,建立现代大学制度应包括的主要内容有:形成独立自主依法办学的运行机制、畅通有效的师资流动机制、科学的大学评估机制、多方投入教育的机制以及大学领导的专业化和动态轮岗制度等。而独立自主依法办学的运行机制应包括招生权、用人权、经费使用权、国际交流权等,这些权益虽然教育法已有规定,但真正落实还需要有一种机制来保证。有的学者认为,建立现代大学制度,主要涉及学校与政府的关系、学校内部治理结构、学校与社会的关系等方面的制度安排。《高等教育法》规定:"国家依法保障高等学校中的科学研究、文学艺术创作和其他活动的自由。""高等教育应当面向社会,依法自主办学,实行民主管理。"这些规定为我国建立现代大学制度提供了基本的理论依据。

现代大学制度的核心是在政府的宏观调控下,面向社会,依法自主办学,实行民主管理。学术自由、办学自主、面向社会、民主管理,应成为现代大学制度的基本标志。建立现代大学制度是一项系统工程,作为现代大学,在办学理念、教育教学改革、人才培养、学术管理、科学研究、文明服务社会等方面需要不断进行观念和制度创新。要全面推进现代大学制度建设,解放大学生产力,使现代大学在政府的宏观调控下,真正面向社会,依法自主办学,实行民主管理,成为独立自主的法人实体和竞争主体,为高等教育更好地服务科技创新和社会经济发展提供有效的制度保证。充分发挥高等学校人才培养、科学研究、服务社会的三大功能,使高等学校成为国家创新体系的主力军,成为经济社会发展的推进器,同时也为高等教育事业赢得更多的发展机遇和更广阔的发展空间。[①]

二、教育模式与方法的创新

教育模式要由应试教育、满堂灌教育转向素质教育、创造性教育。除了系统化教育外,应强化学科前沿教育。确立教师主导、学生主体的教育理念,在讲授为主的前提下,

---

① 李代丽,姜家宗.高等教育创新型人才培养模式研究[M].北京:中国原子能出版社,2017.

提倡自学、讨论、演讲、案例、实践等多种教学形式，鼓励高年级学生参与教师科研课题并能自主立项进行科技发明活动，激活学生的创新思维，加强逻辑思维与非逻辑思维的训练，着重于非智力因素的培养。启发学生的问题意识，敢于向现存的一切提出疑难，发起挑战。从司空见惯的万事万物中，不断发问、追问、拷问，找到破绽，发现逻辑悖论，寻找创新的突破点。教师重在启发和激励教育，维护学生自主、独立、自由思考的思想尊严，不是给予学生先入为主的东西和现成的答案，而是给予学生去探索未知世界的钥匙。反对人云亦云、随波逐流、盲目崇拜，破除因循守旧、墨守成规、不求进取的思想，以"不怀疑不能见真理"的气概，大胆尝试错误，敢于冒风险，以敢闯、敢冒、敢试的精神，去开辟前无古人的新路。

创新教育重在方法，研讨式、启发式、参与式、案例式、实践式方法，有利于激发学生的主动学习，主体精神昂扬，思想活跃，兴趣浓厚，容易诱发新思想、新设想、新观点的产生。因而，在某种意义上，"方法比理论更重要"。中国有句古话："授人以鱼，可解一日之饥；授人以渔，是食终身之益。"培养创新型人才，要着重教育方法创新，也要重在学生方法的掌握。这样他们在未来科学探索的征途中，就能选择正确路径，取得事半功倍的成就。方法得当，左右逢源，富有效果，屡建奇功。

三、因材施教，注重个性培养

个性的丰富多彩和充分发展，是社会进步的一个重要尺度。大凡有创新能力、做出了创新业绩的人，都有鲜明的个性特征，个性得以充分张扬。高等教育要善于发现每个学生的个性，根据个性心理特征，采取不同的方法和教育，积极引导个性的健康发展，使饱满的个性成为推动创新的加速器。大千世界，个性千姿万态，有的沉默寡言，性格内向；有的活泼好动，性格外向；有的沉稳多谋，儒雅含蓄；有的标新立异，喜好挑战。只有因材施教，不同的个性用不同的方法去培养，才能激发创造潜力，使个性得到充分自由的发展。

四、教学与科研结合，发展创造力

学生除了学习和传承前人的知识文化，打下良好的基础，还应敢于突破和超越前人，善于提出问题，理性分析问题，创造性地解决问题，提高科学研究的能力。通过科研活动，发展学生的创造力，是一条重要途径。对于高年级学生，应有意识地培养科研能力，参与教师的科研课题，或自主申报不同级别的课题，开展大学生科技创新活动等，了解科研选题，掌握科研方法，培养创新精神。关注科技创新应具有的人文意义，自觉把人文关怀内化于创新主体的精神世界，给予创新主体的每一个人思想、精神、意志、情感更丰富、更饱满、更生动、更自由、更充分、更全面、更和谐的发展。坚持科技创新造福人类的正确方向，努力消解各种异化现象，促进社会进步与和谐发展。

五、创造有利于创新人才成长的校园环境

环境和氛围，是一所学校办学理念和教育模式的体现，宽松、民主、自由、开放和进取的环境和氛围，是创新人才成长的摇篮。在新的形势下，德育应当在有利于创新人才成长的环境建设上有所作为。

（一）进行校园环境建设，形成有利于创新的物质和精神环境

首先，努力完善学校物质环境的建设，改善教学条件，配备现代化教学设施，使教学活动多样化，使德育对象对德育内容更有效地吸收。其次，在精神环境上，一方面，要切实加强校园文化建设，活跃学术氛围，提高学校的文化品位，引导学生充分利用第二课堂，开展丰富多彩的校园文化活动，营造浓郁的创新氛围；另一方面，要切实加强创新型学生集体的建设，这是培养和发展学生创造力的有效途径，个人的发展离不开集体的作用，21世纪的人才要善于与他人合作。曾担任美国总统科学顾问的乔治·基沃斯（George Kivos）也曾提出科学创新的"两T理论"，即科学创新依靠天才"talent"和合作"teamwork"。研究证明，个体之间的相互合作，会产生一种"社会助力效应"，从而产生"整体大于部分之和"的效果。近年来，许多获得诺贝尔奖的多是两人合作或多人合作的结果，这也说明合作在创造力形成过程中的作用。因此，德育要充分重视创新型学生集体的建设，使每一个学生具有健康向上的成长动机和友好的人际关系，形成集体内部团结合作、友善竞争的良好的心理氛围，从而最大限度地激发学生的创新思维，发展他们的创造力。

（二）德育管理的转型

适应创新培养的需要，要求我们的德育管理模式随之转型，即由科学管理模式向人文管理模式转变。这一转变要求德育管理体现以下特点。

1. 创造性

它要求我们摒弃僵化、保守的管理手段，制定富有创新意识的相关制度，积极创造健康有序、宽松和谐、开放高效、激励上进、鼓励创新的管理机制。同时，它还要德育工作者自身极富创造性，拥有适应时代的各种能力，如自我学习、发展的能力，开拓创新的能力，应变能力，科学的预见能力等。能设置有利于学生创新的环境，如努力培养良好的班集体，促使全体学生相互学习、交流、激励，形成创造性的学生群体。

2. 民主性

它要求德育的管理实践中融合"以人为本"的思想，遵循民主、开放的原则，体现激励、创新的精神，实施民主式、合作式管理。民主管理就是要调动师生的积极性和创造性，发动和组织他们参与德育管理，为他们提供发挥智慧、才能和特长的机会和条件。它要求对教师应充分信任，不能管得过多、太死板，给他们更多的自主权并创造条件满足教师自我实现的愿望；对学生实行差异管理，一方面允许学生有差异；另一方面要鼓励学生发展自己的特长和爱好，给有特长的学生尤其是"偏才""怪才"创造宽松的教育环境，促进他们创新能力的发展。

3. 营造鼓励冒尖、宽容失败的良好氛围

自古以来，中国都是"枪打出头鸟""做成功的英雄易，做失败的英雄难"。这种国民心性，使中国人因循守旧，不敢创新，不愿创新，致使中国几千年的文明史，除了"四大发明"还是"四大发明"。创新人才从事的事都是前无古人的具有开拓、探索性质的工作，不可能事事成功，在创新的路上，总会伴有无数次的失败。因此，要使创新人才辈出，就必须大力营造鼓励冒尖、敢为人先、敢于创新和竞争、宽容失败的环境和氛围。

4. 自由的环境

自由的环境主要体现在学术探讨和学术争鸣上。在这种环境中，教师和学生几乎不受外界的影响，可以自由教学、自由学习、自由研究、自由讨论以及自由发表。学生的创新思维、创新精神、创新能力需要在这种自由的学术氛围中逐渐形成。思想自由是创新知识的前提，但思想还需要在与他人（包括创造已有知识的前人）的交流与相互的批判之中才能形成，有这个基础，才能产生新的思想，才能创造新的知识。当然，这种自由是权利与责任的统一，并不意味着不受任何规范的约束。教师的教学创新、学生的创新活动均应服从科学真理的标准，任何教师和学生都享有自由的权利，但同时又要尽相应的责任。

众所周知，创新人才的成长有赖于长期地、综合地陶冶和熏染，而开放、民主、自由的环境是创新精神和创新能力的不可或缺的沃土。

第二节　教师促进创新人才培养

一、创新型教师的界定

何谓创新型教师？目前，理论界对创新型教师尚无明确界定。无疑，创新型教师拥有一般意义上创新型人才的所有思维特点；同时，作为发挥人的潜能、培育人的完美个性和创新能力使命的承担者，创新型教师应该有更丰富的内涵。创新型教师是指具有敬业奉献

精神和良好的心理素质，具有比较完善的知识结构，具有强烈的创新意识和鲜明的创新思维能力，既善于与人合作，又具有独立个性，能创造性地开展教学、科研活动，善于培养和激发学生创新能力的教师。创新型教师应成为高校教师队伍的主干力量。

二、创新型教师的劳动特点、角色责任

在培养创造型人才的教育教学过程中，教师始终扮演着主导角色，这是由教育的本质特性所决定的。

（一）教育的本质

教育是培养人的活动，教育的本质目标是把人培养成一个具有完美人性的人，一个对自己本质真正占有的人。教育的任务是毫不例外地使所有人的创造才能和创造潜力都能结出丰硕的果实，这一目标比其他所有的目标都重要。

1. 教育就是发挥人的潜能

从人的个体生命来说，人是一种实然的存在，这种存在不同于动物之处在于：人具有一定结构的高于动物的潜能。世上有"狼孩"之说，但狼与人共生，狼是不会成为"人狼"的。创造性、自发性、个性、真诚、关心别人、爱的能力、向往真理等，全都是胚胎形式的潜能，属于人类全体成员的，这就为现代教育学强调教育对象的能动性、主动性、个性化和创造性找到一种可能性或一种萌芽。但是这些潜能仅仅是人体内一种类似本能的微弱冲动、一种可能性或者萌芽，要使可能性转化为现实性，要使萌芽不会夭折，就要兴教育，人在教育中通过教师的艰辛劳动不断引导、发展、完善和巩固它们。一方面要有完备的学校。学校是经过精心设计的最适宜人的潜能发展、完善的环境，有了学校，潜能发挥就有了场所；另一方面要有创新型教师，作为智者的创新型教师会明察秋毫，因材施教，使每个人的潜能得到淋漓尽致地发挥。还有课程，是在人类整体的历史经验的基础上仔细挑选的，是人类普遍的共同文化精神与经验。有了课程，潜能的发展就有了土壤，有了养料。育人不是铸造人、塑造人，铸造、塑造的对象是物，物的成型是依塑造者的主观意志而定的；而人的发展是"塑造者"在"被塑造者"的潜能基础上引导发展、完善这些潜能，所以说教育就是发挥人的潜能。

2. 教育就是发现人的价值

任何人生在世界上都是有一定的价值的。人本主义者从人的个体生命出发，认为人的终极价值是自我实现；马克思主义者从人的社会生命出发，认为人类的最高境界是共产主义，在这里人类由必然王国进入了自由王国，人是自己与世界的主宰者。前者重视人的内在价值，后者肯定人的内在价值的同时，强调人的外在价值。二者并不矛盾而是有机统一的，内在价值是外在价值的基础，外在价值是内在价值的表现。

教育使人类获得知识，这样人类才能睁开被蒙住的双眼。教育引导人们创造性地、能动地超越种种给定性，逐步从实然走向应然，从而坚持人的主体地位，发挥其主体作用。只有这样人才能逐步发现自己应有的内在和外在价值。所以说，教育就是引导人们发现个人的价值和人类的价值。

3. 教育使个体社会化

一个自然人来到世上便具有了成为人的一切可能性，但这种可能性向什么方向发展，成为什么样的现实，是由后天决定的，这就需要借助于教育。教育是教育者有计划地根据社会的需求对受教育者身心施加一定的影响使其符合教育者的意图。因此，社会的需求是人的发展方向，施加的影响就是文化的传递、内化、融合和创新。对学校而言，它不但是一种学识、一种智慧、一种氛围，更是一种人格、一种精神。

4. 教育引导完备人性的建构与发展

教育本质属性主要表现为：它要使受教育者能够在已有的各种现实规定性中奋起，去追求新的自我、新的世界；使得一切文化知识、道德规范等的接纳，在他们身上产生生成性的变化，转化为创造性的潜力；使得受教育者能以一种批判的向度去面对、掌握、审视现实生活。所以教育既要使人是其所是，又要使人是其所应是。

（二）教师的劳动特点

1. 劳动对象的主动性

教师的劳动对象是具有主动性的人，在教育劳动中不仅有教师的能动因素的介入，而且还有学生的能动因素的介入。教育的过程如果不与学生的主观能动因素发生任何联系，过程就无从实现。教师劳动对象的主动性还表现在其自身活动过程是不断变化的，并且还不断反作用于劳动者。这就要求教师在劳动过程中，时时顾及这些因素，创造性地做出动态调节，简单照搬前人的范式或套用自己过去的经验都是会影响效果的。

2. 劳动手段的主体性

教师运用一定的教育手段，把自己的活动传导给劳动对象，教师的劳动手段带有很大的主体性。其他劳动者操纵某种工具，但劳动者主体的智能水平并不一定要达到劳动工具所物化了的智能水平。而教师对教材等的使用却不然。教师必须把凝结在教材中的知识、智能乃至情感、世界观等，完全转化为其主体的知识、智能、情感、世界观，并且还要求超出他们的范围和水平。教师的创新能力，教师的人格、言行等主体性的东西也是教师的劳动手段。这种劳动手段的主体性，决定了教师必须十分地重视自身的发展。教师劳动的效果首先取决于教师本身的发展水平，不仅取决于他的学识，也取决于他的创造力，还取决于他的世界观、道德面貌、意志、情感等方面的素养。

3. 劳动成果的间接性

高校教师教育的成果是产生掌握一定文化科学知识、形成一定思想品德和能力的高级专门人才。这是一种特殊的"产品"。这种"特殊产品"不是高校教师独家劳动的结果，它是在中小学教师辛勤劳动的基础上继续劳动的结晶。同时，它不是以物化的形式表现出来，而是以潜能的方式存在于学生身上。如果说在改造一般自然物的生产中，随着劳动产品的获得，劳动者对产品的影响也就结束了，而"人才产品"在劳动者的劳动过程结束之后，劳动者对劳动对象的影响还继续存在。教育者对学生的这种影响通常伴随他们一生，而且还会通过他们去影响其子女和社会的其他人，最终为社会创造出的物质财富和精神财富是难以用数量来计算的。

（三）教师的角色责任

正像赫尔巴特所表达的那样，人的自然本性就像一艘大船，若要经得起一切风浪的变化，只能等待舵手去按照环境指导它的航程，指挥它到达目的地。对于学生来说，教师起了这种舵手的作用。赫尔巴特认为，学生的心智成长全仰仗于教师对教学形式、阶段和方法的刻意追求和指导。赫尔巴特说"按照方法培养心智的艰巨任务，从总体上讲应留给教师"。教育的本质和教师劳动的特点决定了高校教师的角色责任是学生知识的传播者、方法的传授者、能力的培养者、视野的开拓者、人格的示范者、行为的导创者。[①]

三、创新型教师的基本素质

（一）人的素质构成的多维性、复杂性

素质是人的先天的解剖生理特点，主要是感觉器官和神经系统方面的特点。素质只是人的心理（感觉、知觉、记忆、思想、情感、性格、能力等）发展的生理条件，不能决定人的心理内容和发展水平。人的心理来源于社会实践，素质也是在社会实践中逐渐发育和成熟起来的，某些素质上的缺陷可以通过实践和学习获得不同程度的补偿。

素质是在先天与后天的共同作用下形成的人的身心发展的总体水平，它是人的内在素养和品质。可见，素质的最大特点是它的内在性。也即是说，它是里而非表，是质而非量，是本而非末。素质虽然是内在的，但还是可以通过外在的形式表现出来，如行为方式（包括行为规范、习惯，对人、对事的态度）、思维品质（包括思维的模型、方式、深度以及独立敏捷性和创造性）和精神境界（包括对自我超越程度、处理各种关系时在理论和实践上所站的高度等）。

（二）创新型教师具备的基本素质

第一要具有爱岗敬业的精神：以提高民族素质、培养创新人才为己任。

---

① 张登玉. 教师教育改革与发展研究[M]. 湘潭：湘潭大学出版社，2016.

第二，具有现代化的教育理念：建立科学的教育观、人才观，熟练掌握启发式的教学方法，善于使用现代化教学手段。

第三，掌握现代化的知识技能结构：新经济时代，信息资源高度发达，人们的智力活动空间高度扩张，社会对个人知识和技能的新颖性、效率性、社会性等方面的要求空前提高，掌握现代化的知识与技能，站在学术、技术前沿，才能有所发明，有所创造；才能开拓学生的视野，为学生指明前进的方向。

第四，具有强烈的创新意识：在教学、科研实践中，涌动着强烈的创新欲望和激情。能够打破传统的思维定式，突破传统观念，善于发现问题、研究问题和解决问题。善于打破常规，敢于对前人的知识经验提出质疑，具有敏锐的洞察力和丰富的想象力，思想具有超前性。

第五，具有较强的创新能力：包括具有创新思维品质，具有较强的应变能力和适应能力。时刻准备和乐于接受自己未经历过的新的生活经验、思想观念和行为方式，乐于接受生活的变革，善于尊重各方面的不同意见，理解和容忍观念与行为的差异和多样性，以积极的心态去适应、接受环境的变化并顺应时代潮流的方向，勇敢地投身于对环境的改造中去。

第六，具有较强的意志品质和挫折承受力：坚忍的意志品质是战胜挫折、最终走向成功的必要前提，教育工作充满挑战但又要求默默耕耘，要耐得住寂寞，要勇于面对平凡和挑战，保持自信、热情、进取的积极心态，正确对待挫折和失败，始终保持旺盛的斗志和不屈不挠的精神。

第七，具有追求真理的科学精神：包括探索求知的理性精神、实验验证的求实精神、批判创新的进取精神，敢于怀疑、勇于批判，敢闯、敢试、敢冒风险，坚持真理和科学。

第八，具有与人合作的精神：竞争与合作已经日益突破国家和地区的界限而出现不可逆转的全球化的趋势，人们相互依赖的程度进一步加深，任何个人的进步与成功都离不开合作，缺乏自主创造力和利他倾向的人，难以被对方选作合作伙伴。创新人才必须具有良好的合作精神、真诚的工作态度和处理人际关系的能力，学会与人合作，并不断向前人学习，向他人学习。在合作中养成宽厚、善良的性格，树立利他志向，培养无私奉献的精神，增添自身的人格魅力。

"心灵要靠心灵来培植，智慧要靠智慧来浇灌。"教师的素质是培养学生最有效的工具和手段。如果高校教师具备了上述基本素质，创新人才的大量涌现不是指日可待了吗？

四、创新型教师素质的基本内核：敬业精神、创新意识和创新能力

由教师的劳动特点决定其必须具有敬业精神。所以，过去人们喜欢将优秀教师比作"春蚕""蜡烛"。创新型教师同样需要敬业精神，然而，仅有敬业精神又是远远不够的，

创新型教师还必须具有强烈的创新意识和较强的创新能力。要有推崇创新、追求创新、以创新为荣的观念和意识，要有强烈的除旧布新的心理欲求，昂扬激越、追求完美、攀越巅峰、达到最佳境界的意识状态。只有在强烈的创新精神引导下，人们才可能产生强烈的创新动机，树立创新目标，充分发挥创新潜能，释放创新激情，进行创新活动。世界的变化正以加速度进行，没有创新意识和创新能力，自己就会被淘汰出局，更不必奢谈培养学生的创新能力。而有强烈的创新意识和愿望，缺乏创新的能力素养，创新目标就难以实现；拥有创新的知识结构和能力素养，却又缺乏长期不懈地通过教育创新实践培养学生创新能力的热情和愿望，缺乏教育创新意识，缺乏敬业精神，高素质创新型人才培养就会成为一句空话。因此，敬业精神、创新意识和创新能力是创新型教师素质的最基本内核，缺一不可。

五、当前高校教师队伍中存在的与创新相关的问题分析

高等教育担负着为我国社会主义现代化建设提供人才和智力支持的重任，但是目前我国高校教师队伍现状与时代的要求还很不适应，建设一支创新型教师队伍还有许多问题迫切需要解决。

（一）学校层面

1. 总量不足

20世纪70年代以来，随着区域和行业发展不平衡及待遇的差异，人才竞争加剧，高校出现了人才的无序流动和单向流动现象，造成高校大量优秀人才显性流失和隐性流失。尤其是那些教学、科研骨干的流失，给学校教学科研带来了不小的冲击，使一些高校的某些重点学科出现了后继乏人现象，特别是一些理、工、农、医院校的重点学科教师队伍，更面临着后继无人的危机。可以说，骨干层的流失已经成为困扰各级学校师资队伍建设的一个大问题，严重影响了创新型教师的培养。

2. 结构失衡

教师队伍的整体结构，主要包括学历结构、职称结构、年龄结构、知识结构、学缘结构等。当前，教师队伍普遍存在着结构不合理的现象，最突出的问题主要表现在四个方面。

一是学历结构不合理。特别是在一般高校，具有硕士学位和博士学位的人数占教师总数的比例较少，达不到高等教育事业发展的要求。

二是知识结构不合理。教学文科的教师对理科知识几乎一无所知，理科教师对文科知识也了解甚少，跨学科人才、综合性人才更是匮乏。同时，知识结构更新缓慢，对本学科前沿跟踪不够。

三是学缘结构不合理。近几年，高校师资队伍"近亲繁殖"愈演愈烈，已成为高校师资队伍尤其是创新型教师队伍建设中一个不容忽视的重要问题。因为"近亲繁殖"必然导致"优势退化"。众所周知，学术上的进步要取决于杂交优势，同一师傅带出的徒弟，难免会保留和延续着共同的缺陷，学术界长期形成的诸如同一学派、同一体系、同一思维、同一模式的人才群落，缺乏流动，缺乏竞争，相对封闭，自我固守，会出现盛极而衰，在外部激烈的竞争中，从前领先的地位被取而代之，在内部过去形成的优势也会一代不如一代。同时，师资队伍的"近亲繁殖"，容易滋生"小团体""小圈圈"，影响学科发展。

四是高校教师队伍断层。对于"断层"，其表现为年龄的断层，体现为老中青3个年龄段两头大、中间小，缺乏中年骨干教师。随着时间的推移和师资队伍建设中采取一系列措施初见成效，年龄"断层"基本弥合。但更深层次的"断层"亦即教师价值观的断层依然存在。老一代教师的敬业、奉献精神没有得到很好继承。有些青年教师崇尚拜金主义、享乐主义，对待本职工作缺乏责任心，对待学生缺乏耐心，精力"隐性流失"，只教书不育人等现象较为常见。

3. 功利倾向

近些年来，对高校的评估排名，对中青年学术带头人的选拔、推荐，对教师专业技术职务的评聘，"量化考核"泛滥成灾，学术论文、成果"以量取胜"之风越刮越猛，学术水平的评价过于表面化，助长了一些人急功近利的思想，使得一些人只愿做表面文章，不愿做艰苦细致的探索研究工作。

（二）个人层面

1. 教学创新意识不强、创新能力不足

长期以来，由于应试教育的影响，从小学、中学到大学都把考试分数的高低作为评价学生的标准，把教育看成单纯传授知识的行为，我国高校现有的广大教师都是在这种传统熏陶下成长起来的，而今，他们又以这种传统熏陶新一代学生。用创新型教师标准来衡量，他们的知识结构严重偏科，他们的创新意识和能力明显不强。近几年来，这种状况虽有所改变，但从目前高校的办学实践看，很多教师仍沿袭应试教育下形成的教育模式和教学方法，习惯于传统的教育"三中心"，有的人教学改革意识差，现代教育观淡薄，对学科的新发展置若罔闻，教学方法陈旧，惯于应试教育，疏于能力培养，重知识传授，轻思想教育，只是充当着现代知识的搬运工。故步自封的教书匠，消磨了学生的个性和创新精神，削弱了学生的创新能力。

2. 科研创新成果不多

科研成果少，科技成果转化率低，根据国家科技部估计，中国每年取得的近3万项科技成果中，只有两成左右的成果能转化并批量生产，而能形成产业规模的大约只有5%。据统计，近几年我国每年申请的专利大约有11万件，经国家专利局鉴定、批准的有5万多件，其中只有1万多件成果能形成生产能力，大约有80%的专利技术被搁置，许多具有市场潜力的产品没有人生产。整个科技界如此，高等学校也不例外。

3. 创新人格尚不健全

教师从事教学科研的心态浮躁，一些教师敬业精神不强，有的甚至一心几用，搞第二职业，对本职工作投入精力不足，无精力进行新知识的补充和教学内容的更新，更谈不上创新。一些教师科学精神淡薄，在科研中实用主义思想浓厚，急于出成果论文，缺乏学术上的深厚功底和文化底蕴。还有一部分教师缺乏长期艰苦探索、扎实钻研的作风，导致在科学上真正的探索未知、攻克难关、有建树的学术精品不多。

（三）原因分析

1. 体制原因

在旧的计划经济体制下，政府计划如同一个巨大的杠杆，制约着整个国家的经济秩序，规范着全国各行各业的经济生活，由此形成了下级服从上级、地方服从中央、全国一盘棋的经济格局。计划、服从、均等的观念不仅在国家经济生活中深入人心，而且对包括大学学术在内的其他社会方面都产生了重大影响。全国大学学术管理也以政府计划为基本依据、以政府集权为基本组织原则。大学依照政府主管部门的计划办学，大学的主体意识淡薄，大学之间的学术竞争意识为政府计划所抑制，因而，形成了千校一面的局面。整个国家对创新型人才缺乏需求，大学如同一个来料加工的单位，只按照政府拟定的全国统一的人才培养模式完成教学活动。因而，大学也就根本意识不到需要培养创新型教师。

2. 文化原因

传统观念的消极影响，束缚了创新人才的成长。我们知道，传统是历史又是现实，是现实在历史中的沉积，又是历史在现实中的再现。它以一种强大的力量作用于现在和未来，传统观念对现行观念的消极影响主要表现在严重地阻碍着一个民族创造力的发展。半个多世纪以来这些观念已经受到严厉的批判，但是经过上千年的沉积，它的消极影响仍然不可低估。久而久之，人们求异思维的能力钝化了，个体创造的动机被阻碍了，而这两者恰恰是创造力的核心要素。

3. 忽视个性的文化取向妨碍了独立人格的发展

中国传统文化和价值观念侧重群体的发展，忽视个性，重视人的群体性和共性的培养，要求人们把群体价值置于个体价值之上，迫使个体的需要服从于群体和社会的需要，以共性来铸造个性。和西方个人主义发展的文化形态相比，这是我们民族道德品质优良的一面，但是它过分地贬低了个体的价值，使人丧失了自主性和独立性，妨碍了个性的自由与多样化的发展。而自主性和独立性、个性自由和多样化的发展恰恰是个体的创造力发展的基础。一个只知依附于别人、缺乏自信心和独立性的人，怎么可能在自己的职业活动中推陈出新、独树一帜呢？怎么能在科研中实现前无古人的创造呢？

4. 考试制度的束缚

全国统一考试的制度文化某种程度上削弱了青少年的创造灵性，无论是兴于隋唐延续了一千多年的科举考试制度，还是盛行于中华人民共和国成立后的全国统一高考制度，都迫使青少年把最富有想象力的美好年华消耗在死记硬背和冗长烦琐的揣摩求证中，使他们错过了创造力发展的最佳时机，泯灭了创造的灵性。

5. 个人原因

个人缺乏开拓创新意识，缺乏冒险精神，因循守旧，四平八稳。应该承认他们是传统教育制度的受害者，而今，他们又成了实施创新教育的阻力。马克思主义认为，人是社会关系的总和。个人原因是社会原因在个体生命上的积淀。但是，一旦缺乏创新意识成为个体素质的缺陷，又会极大地阻碍社会政治经济、教育的创新与发展。

第三节 打造培养创新型人才的课堂

一、以创新型人才培养为目标的高校课堂教学

（一）创新型人才的素质特征

纵观古今中外对创新型人才的定义与研究，虽不尽相同，但从总体上看，创新型人才都具备以下几个方面的素质特征。

1. 高尚、积极、自觉的心理素质

（1）创新型人才应当具备高尚的品德

包括高度的社会责任感和使命感、崇高的职业道德和社会公德等。德是个体对社会、对他人责任心的一种表现，是从事任何工作的基础，是一个人健康成长的必要条件。创新型人才只有具备高尚的品德，认识到自己是社会集体的一分子，才能在社会发展中承担一份责任，才能用"才"切实为人类谋福利。

（2）创新型人才应当具备积极的人生价值取向

人生价值取向作为一种心理倾向，对人类活动具有不可忽视的导向作用。创新型人才只有树立积极的创新意识，将创新作为人生价值观的重要组成部分，才能将创新活动与国家、社会和人类的利益相结合并将它作为自己的人生追求。

（3）创新型人才应当具备创新意识

意识作为一种自觉性的心理思维，对人的心理活动具有调节、控制、指导的作用。创新意识是一种稳定的积极的心理倾向，极大地影响着个体创新能力的形成与培养。换言

之,创新意识就是创新精神,它是创新的核心要素,是创新的灵魂,具备创新精神的个体对世界充满好奇,有强烈的探索欲望,勤于思考,善于发现问题和提出问题,"不唯上,不唯书,只唯实"。

2. 博专结合的知识储备

(1)创新型人才应当具备广博的基础知识

合理的知识体系是创新活动的内在源泉。创新活动以知识为基础,它是在接受和学习前人知识经验的基础上完成的。斯顿伯格(Steinberg)认为,知识在创造力中充当重要角色,因为我们不可能对一无所知的事物产生新异观念。创新不能离开知识凭空进行,丰富的知识是创新能力的源泉,也为新异观念的产生和评价提供了基础。如果学生知识面窄,就无法开拓思维综合知识进行创新。因此,广博的基础知识是创新型人才的首要素质。

(2)创新型人才要具备深厚的专业知识

深厚的专业知识,是创造者在相关领域培养求异思维、开拓新领域的基础,是发展创新精神和创新能力的不竭动力,为创新活动提供了良好的工作平台。它要求既掌握相关专业的知识与技能,还要积极关注学科前沿及其发展动向,及时把握学科发展最新成果。只有全面构建坚实的专业知识,才能敏锐地产生独特、新颖的思维,培养自身创新能力。但知识不等于创新,知识与创新不成线性关系,只有不断激活已有知识,对个体知识点进行重组,才能创建和升华知识。

3. 发达的智力与非智力因素

(1)创新型人才应当具备发达的智力

智力是以抽象的思维能力为核心的综合认识能力,直接影响人的学习和工作效率,它包括观察力、注意力、想象力、记忆力和思维力等。创新是智力的高级表现,只有具备高超的智力,才能系统融合知识、灵活调动各方面的能力。一般认为,积极的求异性、敏锐的观察力、丰富的想象力、独特的知识结构、灵感等是智力发达的表现。其中,创新思维能力是创新能力的关键,是创新能力最重要的主体性条件和根据,其基本特质是新颖性和独特性。它是发散思维与聚合思维、直觉思维与分析思维的有机结合,向灵活性和自发性等方向发展。因此,不断开发创新型思维,对于增强创新能力具有十分重要的作用。

(2)创新型人才的非智力因素是不容忽视的重要素质

创新型人才的非智力因素包括创新需要、创新动机、创新兴趣、创新情感和创新意志等,创新需要和创新动机是主体的内驱力,是创新活动的深层原因,它能推动和激励人们发动和维持创新活动;创新兴趣能促进创新活动的开展和深入,是促进人们积极探求新奇事物的一种心理倾向;创新情感是支持人们完成创新的精神动力;创新意志是在创新中克服困难、冲破阻碍的毅力和不屈不挠的精神。

4. 强健的身体素质

只有增强身体素质,才能强化身体各部分的功能,特别是身体整个神经系统的稳定性和灵活性。创新型人才只有掌握体育锻炼和卫生保健的知识、技能、技巧，注意增强自己的体力和体质，才能保障创新活动的顺利展开。

（二）创新型人才培养对高校课堂教学的要求

1. 课堂教学的内涵

虽然教学是教育学的一个基本概念，但因为人们对教学的认识角度、认识方法等不同，对教学概念的解释也不尽相同。最广义的教学可以包括自学、科研甚至生活，而狭义的教学可以指在某时某地发生的教学活动。目前，比较有代表性的观点认为："教学是教师、学生的共同活动，是在教师的指导下，学生自觉的、积极的认知活动。""所谓教学乃是教师教、学生学的统一活动；在这个活动中，学生掌握一定的知识与技能，同时，身心获得一定的发展，形成一定的思想品德。""教学是教师的教和学生的学所组成的一种教育活动。通过教学，教师把人类长期实践积累起来的科学文化知识，有目的、有计划、系统地传授给学生，培养他们认识世界和改造世界的能力，使他们迅速成长为有社会主义觉悟的有文化的劳动者。"

这些观点主要强调了学校中形态多元的教学活动，都必须是"教师教和学生学的统一"，即教学是教与学统一的活动，不能将其只看作是教或者只是学，二者缺一都是没有意义的；强调了教师主导与学生主体的统一，教师不能代替学生成为学习的主体，学生的学也只有在教师的指导下才能更好地发展；强调了教学的全面性，教学不仅仅是知识、技能的传授，更重要的是学生情感的升华、品德的完善，强调教学生学会做人。课堂教学的基本组织形式是班级授课制，主要是教师和学生以课堂为主渠道，在教师的教和学生的学统一活动中，通过教材，以交流、合作等方式，达到教学目标，促进学生发展。它是一个动态、完整的过程，从教学目标的设定、教学过程的实施到教学反馈的形成，成为一个整体系统。课堂教学作为一个复杂系统，结构要素包括很多，主要有教学目标、教学内容、教学方法、教学环境、教学评价、教师和学生七要素。其中，学生是教学的主体，所有的教学活动都围绕学生这一主体展开，既是教学活动的出发点，也是教学活动的落脚点；教师在教学中起着关键作用，所有的教学要素都通过教师发挥主动性去调整，从而影响学生的学习活动，达到教学过程最优化，取得最大的教学效果。

2. 以培养创新型人才为目标的高校课堂教学的特征

高校，与大学词义相近，是指进行高等教育的机构和场所，是提供教学和研究条件的高等教育机构，包括大学、学院、高职高专等。从学校性质上讲，高等学校包括普通高等学校、成人高等学校、民办高等学校等。普通高等教育一般专指普通本专科、研究生教育，办学形式主要有普通专科、普通本科、研究生。本书中的高校主要是指本科层次的普通高等学校。通过对课堂教学的分析，不难发现，高校课堂教学主要是在高等学校的课堂中进行的教学活动。在高校中，课堂教学有其明显的特征，就教学对象而言，他们是已经掌握一定知识与技能、心智素质达到最佳可塑状态的大学生，不论是自我意识的发展，还是各种能力的增强，都使其具有较强的独立性，如感觉敏锐，观察有一定的目的性和系统性，辩证是形象逻辑思维的显著性特征等。因此，这就决定了高校课堂作为教学的主要途径，应当予以高度重视，提高课堂教学质量才能提高高校人才培养质量。而以高校课堂为主阵地培养创新型人才，高校课堂教学应该具有以下几方面的特征表现。

（1）教学目标重在培养能力

以创新型人才培养为目标的高校课堂教学，在教学目标设置上，不但能够引导学生完成认识性教学任务，如知识和技能的掌握，同时还注重对学生学习兴趣、内在学习动机和热情的培养和激发，引导学生形成独立发现问题、解决问题的思考力和表现力，提高学习者分析—解决问题能力，发展独立思考和评价、判断能力，培养群体之间的协作和学会学习能力等素养；另外，认真贯彻"以学生为主体"的理念并落到实处，激励学生思考学习等能够主动达成，教师能够将"手放开"，让学生学会独立行走。

（2）教学内容重在"广博与深化"

以创新型人才培养为目标的高校课堂教学在教学内容安排上，注重"广博与深化"相结合，学生主体既能牢固掌握、深入钻研所学专业知识内容，及时掌握本学科领域的前沿内容，不断与时俱进，敏锐地产生独特思维，潜意识中激发自身创新能力，又可以拓宽学生的知识面，因为丰富的知识是创新能力的源泉，这样有助于学生开拓思维，综合知识进行创新。

（3）教学方法重在多元化

以创新型人才培养为目标的高校课堂教学在教学方法采用上，突破传统的授受式教学方式，根据学科特点与学生素质特点进行多元化教学，如案例教学法、情境教学法等，注重对学生自学能力、研究能力、实践能力、合作精神和创新精神等方面的培养。

（4）教学评价重在综合化

以创新型人才培养为目标的高校课堂教学，在教学评价实施中，注重综合学生各方面的评价；在评价内容上，包括对学习者学习过程和学习结果的双重评价，注重对学习者观点生成、思维过程和问题求解的过程等多方面、多角度综合评价；在评价标准上，教师和学生共同参与制定；在实施过程中，教师评价与学生的自评、互评相结合，对学生的发展进行全方位评价；在评价方法上，采用多元化、综合化的现代评价方法。

（5）教师队伍建设重在创新性

以创新型人才培养为目标的高校课堂教学，其关键在于建立具有创新能力的教师队伍。可以说，没有一支高素质、创新型教师队伍，就培养不出一大批具有创新精神和实践能力的高素质人才。创新型教师应当具有创新意识、开放意识，具有多元合理的知识结构以及自身在实际教学过程中表现出来的求异性、新颖性和高效性的能力，如发散思维能力、动手操作能力和教育科研能力。①

二、高校课堂教学创新型人才培养措施

（一）树立创新型教学观念

观念是人们对客观事物的认识和看法，具有指导人们实践活动的作用。观念作为一种社会意识形态反映了一定社会与时代的特点和要求。随着社会的进步与发展，观念随之变化与更新，一直达到一种动态平衡状态，从而与社会发展相协调。教学观念是教育主体在教育实践的基础上产生的、对教育问题的认识和看法，是建立在教学过程基础上的意识形态，实质上是教育界的"上层建筑"，是教学主体对教学各方面的理解，是一种价值倾向。它指导着人们的教育实践活动，规范着人们的教学行为。任何一种教育形态都有支持它的教学观念，"看得见的教育行为的背后都有看不见的教学观念"，有什么样的教学观念，就决定了教师的教学方法、教学行为，决定了学生的学习方法、学习行为等。教育教学改革必须以转变教学观念为先导，这是实现高校课堂教学改革、培养创新型人才的首要问题。

1. 构建创新型人才观

人才观是教育观的基本问题之一，在教育观系统中，它位于目标系统与方向系统的位置，对人才培养方向、未来人才衡量的标准以及教育实践、课程设置等都具有导向作用。创新型人才具备良好的创新素质，表现出敏锐的观察力、思维的批判性、人格的独立性和能力的综合性等特征，是创新型人才观所必须重视的。

2. 构建创新型教学观

随着时代的发展与变化，传统以认知为中心的工具理性教学观逐渐暴露其局限性，教学忽视人的生命活动的生动性、复杂性等特征，而以认知的确定性代替；割裂教学与人的现实生活的联系，造成教学机械化、程式化，进而导致创新型人才培养举步维艰。因此，提高人才培养质量，必须从发展人的角度建构新型教学观，以人的生活世界为基础对象，注重动态的变化和创造，注重教学过程的生成性，关注个体差异。总之，创新型教学观是以动态的、开放的眼光看待教学。

3. 构建创新型学习观

一般认为，学习观是指学生个体对知识、学习经验的认识，也有人把它看成是学生个体对知识和学习的一套认识论信念系统，它涉及对知识性质、学习性质、学习过程与学习条件等维度的直觉认识。学习观是人们对学习活动本质属性的认识和看法，对教师教学方式和学生学习方式的选择具有决定作用，影响着教育教学效果和人才培养质量。创新型学

---

① 李苏北. 大学生学科竞赛与创新人才培养研究［M］. 徐州：中国矿业大学出版社，2016.

习观作为一种科学的学习观，强调学生学习过程中的主观能动性，强调个体积极、主动地建构自身的知识结构，强调学生的创新精神和实践能力，有助于实现个体自学能力、创新能力和整体素质的共同提高。

（二）设置完善的课堂教学目标

教学目标是教育教学的出发点，也是教育教学的最终归宿，它是教师对学生预期的学习成果。教学目标在整个教学活动中起着"核心"作用，即任何教学活动都围绕教学目标的实现而展开，是整个教育目标体系的重点和关键。正如迪克等人认为"在教学设计过程中，最为关键的工作或许就是确定教学目的（instructional goals）。如果教学目的确定得不适合，再好的教学也可能无法满足组织或者学习者的真正需求。没有准确的教学目的，教学设计者会冒这样的风险——基于根本不存在的需要去进行教学"。一般认为，教学目标可以分为两个层次：第一个层次是学科课程水平的目标；第二个层次是课堂教学水平的教学目标。具体而言，课程教学目标相对较抽象，与国家的课程观念及改革相关，制约着课程内容的选择和组织，影响课程的实施和评价，一般是由国家行政部门和专家学者制定的、针对学生的发展和某一科类的全局而提出的基本标准和要求；而课堂教学目标则是对课程目标的具体化，为指导、实施、评价教学提供依据，主要是由任课教师根据学科特点、学生特点和方法而制定的教学依据，相对灵活，更富有实践性和操作性。

1. 教育目标的综合化

理性因素与非理性因素是现代哲学中一个常用词。一般认为，"理性是指逻辑思维、科学思考，而非理性则指人的直觉、意志、欲望、本能等，两者是有区别的。同时，人的意识活动是理性与非理性的统一"。作为学习主体的学生，其成长与发展的过程，既有理性因素的参与，也有非理性因素的参与，这也是作为综合型创新型人才所必需的素质。在教学过程中，理性教学目标是指学生对知识、技能的掌握和运用，非理性教学目标则认为是学习的兴趣、动机、态度和思考力、判断力与表现力，二者相辅相成，缺一不可。

（1）培养创新型人才应当确定理性教学目标

理性教学目标是引导学生掌握、运用学科知识和技能，培养学生创新能力的目标。学科知识是学生健康发展、学校顺利开展教育活动的基础和中介，学科知识及其内在的逻辑结构是任何教育活动组织和实施的依据。知识为创新提供了原材料，创新是知识的转化与整合。

但是知识的性质、质量不同，对学生的创新能力的影响也不尽相同，并不是所有的知识都有助于创新，都能成为创新的动力与源泉。教育教学过程中确定的理性教学目标，不仅是让学生掌握基本的学科知识，还应掌握高质量、有助于创新能力培养的知识，比如逻辑上有必然联系的知识，程序性而非事实性知识，以主题为中心构成的结构性知识，多方面、多类型的知识。这些目标强调知识之间的联系性，学生面对问题时能够主动结合已有的知识形态,结合问题状况不断深入思考,增强了思维的灵活性,增大了创新的可能性。

(2)突出对学生非理性教学目标的培养

非理性教学目标是相对于理性目标而言的,主要包括兴趣、动机、态度和思考力、判断力与表现力等,反映的是创新人才发展的内在要求,是创新思维不容忽视的素质。从心理学角度讲,非理性因素主要包括意志、灵感、直觉、欲望等。《学会生存》一书中提到:"把一个人在体力、智力、情绪、伦理各方面的因素综合起来,使他成为一个完善的人,这就是对教育基本目的的一个广义的界说。"爱因斯坦认为"优秀的性格和钢铁般的意志力比智慧和博学更重要"。这些都阐述了教育目标不仅包括理性教学目标,还包括情感、意志、个性等非理性目标。

2. 重视高阶能力的培养

高阶能力,是以高阶思维为核心,解决复杂问题或复杂任务的心理特征,是学习高阶知识、发展高阶思维和实现知识远迁移的能力,主要包括创新能力、决策、问题解决、批判性思维、信息素养、协作等系列能力,高阶思维是其核心。

三、实施创新型教学方法

教学方法是指教师和学生为了达到教学目标、完成教学任务而开展教学活动的方式、途径和手段。课堂教学方法的改革是课堂教学改革的直接体现。以创新型人才为培养目标的教学方法,应当综合考虑高校培养目标、教学内容的前沿性和不确定性以及大学教学活动的特点等因素,注重对学生自学能力、研究能力、实践能力、合作精神和创新精神等方面的培养。也就是说,高校教学方法既要反映教学方法的一般要求和本质,又要体现高等教育这一特定阶段或场域的特点。因此教师进行课堂教学时,要依据每堂课构建的教学内容,选择适合于提高学生学习积极性和主动性、活跃学生思维、提升学习和研究品质的教学方法,坚持教学方法的灵活性和多样性,而不拘泥于某种单一的教学方法。

(一)批判继承传统教学方法

对于传统教学方法,如讲授法,高校应采取批判继承的态度,而非全部摒弃。这是教学内容的需要,某些专业课程的教学内容决定了以教师讲授为主的传统教学方法依然是实现教学目的和完成教学内容的必备且有效的方法。高校教学活动通常以课堂教学为主,因此在课堂教学过程中,如何组织和保证教学活动的顺利进行就成为教师必须面对的首要问题。由此也就决定了教师在课堂教学活动中的主要地位和作用,对于教学内容之基本知识的传授成为高校教学活动的必要内容。对所授课程的基本原理和规则的说明和解释离不开教师的讲授分析、论证、演示以及提问等方式。因此,传统教学方法依然为保障教学活动所必需。

（二）多元组合新型教学方法

综合采用或组合新型教学方法，既可以帮助学生学习内容知识和技能，又有助于提高发散思维能力、批判思维能力和创新思维能力。在这里，主要探索了以下两种教学方法。

1. 案例教学法

是将性质相同的情形作为一组案例，分析一类现象并从中开启一个观点，从不同角度理解某个结论普遍意义的教学方式。其关键是通过设置中心明确的案例和讲解掌控得当的方法，变授人以鱼为授人以渔，教师通过帮助学生认知解决共性问题的思路和逻辑，加深对重要观点、原理的理解并进一步就类似问题提出发散性、创造性的解决方法和方案。

案例教学法强调教师的引导作用，教师将讨论问题的范畴与概念交给学生并引导学生进行理论分析，构建解决问题的思路与框架，从而使学生系统地思考问题，真正进入创造性的学习状态。在分析事物或事件时，培养学生发现关键问题的敏锐性与洞察力，即善于从一个不经意或被人忽略的事态中感悟发现主导事物本质或决定事态走势的真正因素，是挖掘创新素质的基础，重点是要建立一个由理论指导的分析框架。在此过程中，教师发挥着重要的引导作用，要激发学生讨论和对问题的分析，引导讨论并帮助参与者发现不同的思考问题、解决问题的路径，而教师学识、实践经验以及语言指向性等对学生潜移默化的影响巨大。通过案例教学可以让学生在复杂形势下练习自己做决策，允许学生去发现一个问题的多种处理方法以及它们的应用情况，刺激学生批判性地思考问题。案例教学法极大地调动了师生共同参与到课堂中来的积极性，彼此相互激发、相互影响。

2. 探究式教学法

探究式教学法从学科领域或现实社会中选择和确定研究主题，在教学中创设一种类似于学术（或科学）研究的情境，通过学生自主、独立地发现问题，调查、收集与处理信息，开展交流与合作等探究活动，从而获得知识与技能、情感与态度的发展，特别是探索精神的提高和创新能力的发展。探究式教学以师生平等、友好、互动的讨论和交流形式为主。探究过程中，教师旁听、引导研讨，听取学生的想法与意见，解决相关问题。探究的形式可以有多种，比如研讨会，即任课教师根据学科特征和学生情况，为学生提供相关书籍或资料，要求在规定时间内完成相关任务，在课堂上以探讨的形式进行交流。在此过程中，课堂教学主要以交流讨论或研讨的形式进行，讨论的问题具有一定的难度，并且学生在课下已经对该问题进行过思考，收集过相关资料。

在讨论过程中，教师发挥主持人、组织者和引导者的作用，教师不会简单地肯定或否定学生的意见，而是鼓励和启发学生，必要时给予及时的帮助和指导。整个过程主要由学生自己完成，以充分发挥学生的主体作用，调动学生参与的积极性，促使学生在掌握新知识的基础上获得科学研究的方法并有效地促成学生形成主动学习和思考，提出问题、解决问题的意识与习惯，提高学生自主研究和独立探索的能力。

参考文献

[1] 陈小筑，支希哲.高等教育改革与创新 第7册 上[M].西安：西北工业大学出版社，2015.

[2] 段晓莉.论高等教育教学质量保障制度的顶层设计[J].中国成人教育，2015（23）：161-163.

[3] 谷晓瑞.高校综合改革背景下的创新型人才培养模式研究[D].青岛：青岛大学，2017.

[4] 郭鑫.浅析新时代背景下高职教育深化改革与创新发展[J].教育教学论坛，2020（30）：338-339.

[5] 胡益强.高师创新教育中在校学生非智力因素研究的再探索[D].长沙：湖南师范大学，2014.

[6] 江涛.高校"第二课堂"创新型人才培养研究——以江西财经大学"信毅实践班"为例[D].南昌：江西财经大学，2018.

[7] 李代丽，姜家宗.高等教育创新型人才培养模式研究[M].北京：中国原子能出版社，2017.

[8] 李苏北.大学生学科竞赛与创新人才培养研究[M].徐州：中国矿业大学出版社，2016.

[9] 梁育科，苟灵生，王兴亮.高等院校内部教学质量保障体系研究与实践[M].西安：西安交通大学出版社，2017.

[10] 刘道玉.中国高等教育改革论[M].武汉：武汉大学出版社，2018.

[11] 刘乾，田会峰，郑艳芳.协同育人模式下的大学生创新能力的培养[J].教育现代化，2018，5（46）：82-83.

[12] 马廷奇.高等教育教学改革与质量保障[M].武汉：武汉大学出版社，2017.

[13] 慕彦瑾，李芳，段晓芳.当代基础教育改革和发展研究[M].成都：四川大学出版社，2012.

[14] 潘斌.高校创新创业人才培养模式研究[M].北京：世界图书出版公司，2018.

[15] 祁丽，张薇.创新创业教育产学研一体化创新变革研究[J].山西青年，2020（14）：49.

[16] 孙英梅，栗红侠，侯英杰.高校实践育人与创新人才培养[M].沈阳：东北大学出版社，2016.

[17] 王建华.重估高等教育改革[M].南京：南京师范大学出版社，2018.

[18] 吴丹姝.高校校园文化环境系统研究[D].武汉：武汉理工大学，2012.

[19] 徐奇伟.开启创新之门 高校创新人才培养的实践与探索[M].长春：吉林人民出版社，2017.

[20] 张登玉.教师教育改革与发展研究[M].湘潭：湘潭大学出版社，2016.

[21] 张冠蓉.高校创新创业人才培养的协同机制研究[D].太原：山西大学，2017.

[22] 赵磊.我国高校智库建设现状及发展对策研究[D].武汉：华中师范大学，2017.

[23] 朱丽.教育改革代价论[M].福州：福建教育出版社，2014.

[24] 朱永新，陈浩，马陆亭.中国教育改革大系 高等教育卷[M].武汉：湖北教育出版社，2015.

[25] 朱永新，汤敏，周洪宇.教育改革进行时[M].太原：山西教育出版社，2015.